日本経済の壁

山田　順

MdN新書

048

はじめに

２０２２年の暮れ、ついに日本銀行は政策転換をせざるをえないところまで追い詰められ、金利を上げた。それまで０・25％としてきた長期金利の上限を０・25％から０・５％に引き上げた。その結果、２０２３年１月５日、財務省が実施した10年物国債の入札で、最高落札利回りが０・５％と８年１カ月ぶりの水準になった。たった２週間ほどで、長期金利は日銀が設定した上限に到達したのだ。

これは、日銀がいずれ金利を抑えきれなくなると、関係者が見ている証拠だ。こうなると、この先インフレはさらに進み、いつか金利上昇の歯止めが利かなくなる日が来るだろう。総裁が４月に黒田《くろだ》東彦《はるひこ》氏から学者の植田《うえだ》和男《かずお》氏に代わったが、金融緩和は止めようがない。

そのなかでの金利上昇は、即、財政負担の拡大を招く。そうなれば、この国はさらに国債を発行して赤字を穴埋めするだろう。その先になにが待っているかは、言うまでもない。

国際的な格付け会社は、日本国債の格付けのダウングレードをずっと検討し続けている。S&P、ムーディーズ、フィッチの大手3社は、いずれも、日本国債の格付けを現行の「シングルAまたはAプラス」からダウングレードする可能性があると見られている。

日本国債は、アベノミクスが始まった直後、2014年11月に消費増税の延期が決まった時点で格下げされたのが最後の格下げで、これによりG7のなかで当時、最低の格付けになった。

では、2014年11月からの約8年間で、日本の財政状況はどうなっただろうか？

アベノミクスが金融緩和を続けたため、政府債務は774兆円から1026兆円まで膨張した。これは、GDP（国内総生産）比で264％。こんなひどい財政状況の国は破綻国家以外ではありえない。

では、国債が「シングルA」から「トリプルBプラス」にダウングレードされるとどうなるのだろうか？

これは信用力の低下を意味するから、まずは社債やコマーシャルペーパー（CP）の発行、銀行間取引でのコストが上がる。さらに金融機関によっては日本国債を担保として認めなくなり、ドルを調達できなくなる可能性がある。

日本国債は、日本という国家の信用そのものだから、その信用がなくなれば、最終的にハイパーインフレを招くだろう。

ただし、国家の財政破綻が国債のデフォルトだとするなら、対外債務が少ない日本では、それは起こりえない。起こりえるのは、「インフレ税」による国民資産の没収だ。これにより政府は助かるが、私たち国民は助からない。

もはや聞き飽きた「失われた30年」は、さらに深刻化し、このままでは「失われた40年」になるのは確実だ。1991年のバブル崩壊以来、日本経済は「長期停滞」を続け、その間、ずっとデフレーションが続いてきた。

その結果、物価が上がらないという恩恵はあったが、給料も上がらなかったので、日本人の平均賃金（購買力平価による）は、ＯＥＣＤ（経済協力開発機構）加盟38カ国中で24位まで低下した。

いまや、韓国のほうが平均賃金で日本を上回っている。

ここ数年、「なぜ日本の賃金は上がらないのか？」ということが、メディアでさかんに取り上げられるようになった。「港区の平均年収1200万円はサンフランシスコでは低所得」なんていうことまで言われるようになった。

しかし、経済が低迷を続けているのだから、給料が上がらないのは当然だ。少子化も円安も、上がらない給料と同じく、結局は経済低迷の結果だ。

それにしてもなぜ、1980年代末まで世界トップクラスの経済力を誇った日本が、この30年あまりでここまで衰退したのだろうか？　家電、PC、携帯電話、半導体など、世界を席巻《せっけん》した産業は、なぜ次々と競争力を失ったのだろうか？　なぜ、1社もGAFAに匹敵するような先進ビックビジネスを生まなかったのだろうか？

本書では、こうした視点に立って、今後の日本経済の行方を展望する。この先、私たちを待ち構えているのは、人口減・少子高齢化による、日本経済のパイの縮小と社会保障費の増大である。こうした問題に、政府は対処できる能力を失っているとしか思えない。

となると、〝破綻〟はじきに訪れるだろう。そのときは、収拾がつかない混乱がいっとき日本を襲うだろう。

しかし、これから述べていく日本経済の未来図が、どうか私の〝妄想〟で終わってほしいと願っている。少なくとも、これ以上の衰退は起こってほしくない。そう願っている。

2023年3月

山田　順

日本経済の壁――目次

第2章　止まらぬ円安が示す国力の衰退

第3章　間に合うのかトヨタ、致命的なEV乗り遅れ

第4章 国家はなぜ衰退する？ 行動経済学の罠

第5章　なぜアベノミクスを失敗と言わないのか？

第6章　若者を食い物にして生き残る大学

第7章　金融バブル崩壊に向かう世界経済

第8章 超重税国家への道

第9章　インフレ税で没収される国民資産

終章 「日本病」の正体

序章　世界の街角から消えた日本人

街で日本人観光客を見かけなくなった

２０２２年の秋から、世界はコロナ禍から抜け出し、人々の動きはほぼ元に戻った。日本も遅ればせながら、〝コロナ鎖国〟を解いたので、外国人観光客が以前と同じようにやって来るようになった。日本人もまた、自由に出国・帰国できるようになった。

そこで私も、２０２２年から２０２３年にかけての年末年始、約３年ぶりに欧州に出かけた。そうして驚いた。どこに行っても日本人観光客に出会わなかったのだ。

たとえば、しばらく滞在したフィンランドの首都ヘルシンキ。冬のフィンランドと言えば、サンタクロースとオーロラという最強の観光資源があるので、世界中から観光客がやって来る。そのなかには、もちろん、日本人観光客も数多くいる。

オーロラ見物とサンタクロースに会いに行く観光客は、ヘルシンキから大人気のＶＲ（フィンランド国鉄）の夜行寝台特急「サンタクロース・エクスプレス」に乗って、北国ラップランドにあるサンタクロースの故郷ロヴァニエミを目指す。

しかし、私は滞在中、ヘルシンキ中央駅で日本人観光客を１人も見かけなかった。クリスマス前に夜行ではないロヴァニエミ行きのＶＲのインターシティ特急に乗ったが、そのときも日本人は見かけなかった。日本人かと思った若いカップルは韓国人だった。

ヘルシンキ市内でも、日本人観光客を見かけなかった。日本人観光客が行くのは、有名デパートのストックマン、市の中心部にある公園通りのエスプラナード、港の前のマーケットスクエア、もっとも有名な観光スポットのヘルシンキ大聖堂、人気ブランド店のマリメッコやイッタラ、人気のカフェのアアルトやエクベリなどだが、このどこでも日本人観光客を見かけなかった。

「日本は素晴らしい国」と言うけれど

日本人観光客が街角から消えたのは、ヘルシンキばかりではない。ロンドンでもパリでもローマでも、欧州のどこの街でもそうだった。

欧州ばかりか、アメリカ本土、ハワイ、グアム、オーストラリア、そして東南アジア各地でも、日本人観光客の姿はほとんど見られなかったという。

私はニューヨークの日系紙「DAILYSUN」に連載コラムを寄稿しているので、ニューヨークの動向は常に気にしているが、毎年、世界中からの観光客でごったがえすタイムズスクエアのカウントダウンにも日本人観光客の姿はなかったという。

日本人観光客が世界中の街から消えたことで感じるのは、世界での日本のプレゼンス（存在感）が大幅に低下していることだ。なにしろ、私の欧州滞在中に、日本発のニュースはまったくなかった。ウクライナ戦争とインフレで騒然とするなかで、日本は欧州の人々の関心外だった。

ただし、日本人だと告げると、「日本は素晴らしい国だ」と言い、サッカーW杯カタール大会での予想を超えた健闘をほめてくる。ドイツ、スペインを破ったのだから、欧州の人間には強烈な印象を残した。

さらに、日本人の勤勉さや日本社会の安定性に敬意を表してくる。そして、きまって日本料理をほめる。お世辞にしても、イタリアンにしても、フレンチにしても、母国より日本のほうが美味しいなどと言われれば、満更でもない。若い世代は、日本のオタク文化、漫画カルチャーを賞賛する。

しかし、その先に話は行かない。政治、経済面で、日本はまったく話題に上らない。

「海外旅行者は前年比7・5倍」のトリック

2022年10月、コロナ禍による出入国規制が緩和されたとき、「これで海外旅行がどっと増える」「年末年始は海外で」と言われた。

しかし、蓋《ふた》を開けてみるとそうはならなかった。

出入国で必要とされたのは、3回以上の接種証明(または入国者は、出国前72時間以内に検査を受けた陰性証明書の提出)だけ。帰国時もファーストトラックの制度ができたので、もはやコロナ禍前より便利になった。なのに、人々は海外に出なかった。いや、出られなかったのである。

２０２２年12月初旬、メディアはＪＴＢ発表のプレスリリースを元に「年末年始の海外旅行者は前年比７・５倍」と伝えた。こういう見出しを見ると、誰もが海外旅行が一気に回復したと思うが、これは見出しのトリックだ。

７・５倍といっても、それは完全に鎖国状態だった２０２１年の年末年始と比べての話。実際の海外旅行予約者は約15万人というから、コロナ禍前に比べたら比較にならないくらい少なかった。コロナ禍前の２０１９年と比較すると、なんと81・９％減なのである。

では、実際はどうなったのか？

成田空港の２０２２年12月23日〜２０２３年１月３日までの12日間の出国者数を見ると、出国者総数29万７６０人のうち、日本人出国者は８万４２４０人である。これは、２０１９年〜２０２０年の同期と比べると、66・８％減となる。羽田空港もほぼ同じで、日本人の海外旅行はピーク時の年末年始では以前に比べて約７割も減っていたのだ。

しかも、その行き先は大きく変化していた。

ＨＩＳの海外旅行の予約状況レポート（２０２２年11月）による人気旅先ランキングでは、１位が韓国・ソウル、２位がハワイ・ホノルルで、これは11年ぶりの首位交代だった。

続いては、３位がタイ・バンコク、４位が韓国・釜山《プサン》、５位がグアム、６位がシンガポール、７位が台湾・台北《たいぺい》、８位がフィリピン・マニラ、９位がフランス・パリ、10位がベトナム・ホーチミンとなっていて、パリをのぞいてすべてアジアなのである。つまり、欧米ははるかに遠くなり、海外旅行といっても近場が主流となっていた。

1位になった韓国・ソウルの客層を見ると、7割が女性で、10代後半〜20代の若年層が全年齢層の約4割を占めていた。これは、BTSなどの韓国ポップカルチャーの爆発的な人気があってのことだが、旅行費用が安くて済むことも大きな要因だ。

なにしろ、このとき、欧州、米本土往復では航空券以外の燃料サーチャージが約11万円、ハワイでも約7万5000円もかかった。これでは、一般庶民は手を出せない。

「お正月と言えばハワイ」は完全消滅

ハワイ・ホノルルに住む知人によると、2023年の正月のワイキキは、日本人観光客は驚くほど少なかったという。とくに、若い女性グループのパッケージツアー客は、ほぼ見かけなかったという。

ワイキキでは、JTBやHISのトロリー（観光バス）が走っているが、例年なら満員なのに客は半数以下でガラガラ。それもそのはず、これに乗るのはほとんどが日本人で、本土から来ているアメリカ人はレンタカーを使い、トロリーには乗らないからだ。

日本の出入国規制が10月に緩和され、12月にはJALが主催するホノルルマラソンがあったので、日本人観光客が戻ると予想した向きもあった。しかし、ホノルルマラソンの日本からの参加者は5469人で、例年の3分の1以下にとどまった。

「去年は400人ほどだったから、それでも増えたほう」と、JALの関係者は言ったが、日本人参加の最大のイベントがこれでは、あとは推して知るべしだった。

「お正月と言えばハワイ」が、かつては芸能界のトレンドで、芸能人なら猫も杓子《しゃくし》もハワイに出かけた。ホノルル空港ではレポーターが待ち構え、ワイドショーはインタビュー映像をひっきりなしに流した。

しかし、もはやこれは完全に過去の話となった。

ハワイはまだマシ、グアムは観光産業が壊滅

最盛期は、ハワイの観光客の約4割が日本人だった。それが、コロナ禍が明けても戻らず、結局はアメリカ本土からの観光客が増えただけだった。

一時期、世界中が入国規制を行っていたので、アメリカ国内での旅行先がハワイに集中したからだ。その結果、日本人が来ない分、本土客で儲けを出すしかなくなったハワイの観光産業は、日本人向け仕様を次々にアメリカ人向け仕様に変えた。たとえば、クヒオ通りの丸亀製麺《まるがめせいめん》では、アメリカ人好みのロール寿司などのメニューを増やした。

しかし、そうして迎えた2023年だったが、アメリカ本土からの旅行客も減ってしまった。これは、世界中で規制が緩和され、アメリカ人が自由に海外旅行先を選べるようになったからだ。この傾向はずっと続いていて、ハワイの観光産業は縮小している。とくに日本人観光客は、コロナ禍前の3〜4割程度までしか回復していない。

それでも、本土から旅行客が来るハワイはまだいいほうで、ほぼ日本人だけの海外旅行先だったグアムは惨憺《さんたん》たる状況になった。タモンのデューティフリーは売り上げが半減し、街はまるでゴーストタウン。観光業者は観光を捨て、駐留米軍相手のビジネスに切り替えるところが多くなった。

また、日本人相手をやめ、韓国人相手に切り替えたところもある。というのも、グアム観光局によれば、2022年グアムを訪れた外国人32万8446人のうち韓国人は19万3407人とダントツの第1位で、なんとその比率は59%。2位の日本人は2万3539人に過ぎず、韓国人の8分の1以下だからだ。

おカネがかかりすぎて海外に行けない

なぜ、日本人は海外旅行に出なくなったのか?

その理由は、いたってシンプルだ。日本人に、経済的余裕がなくなったからである。世界的なインフレによる物価高騰、それに拍車をかける円安、いくら働いても上がらない給料――そんなななかで、一般の日本人は、海外旅行に回すおカネが拠出できなくなったのだ。

とくに、エネルギー価格の高騰による航空券の燃油サーチャージ価格の高止まりの影響は大きい。2023年3月の時点で、たとえば、JALは欧米往復で9万4000円、ハワイ往復で6万1000円が航空券代とは別にチャージされる。

しかも、円安は「安いニッポン」を際立たせる。1ドルが100円だったときと比べれば、1ドル135円では、旅行費用は単純に1・35倍かかる。それに輪をかけるのが、海外の物価高である。

たとえば、ニューヨークでラーメンを食べるとする。ニューヨークでナンバーワンと言われるのはモモフク・ヌードルバーだが、ここのラーメンの値段はどれも20ドル前後。1ドル135円として2700円になり、これにチップを加えると、ラーメン1杯が3000円を軽く超えてしまう。日本の3倍以上だ。

しかも、モモフクはいつ行っても順番待ちで、案内されるのに最低30分はかかる。

ハワイに行くより、石垣島、宮古島に！

日本の安い物価に慣れていると、海外に行った場合、あらゆるものの高さに驚く。たとえば、

【図表1】日本人出国者数の年度別推移

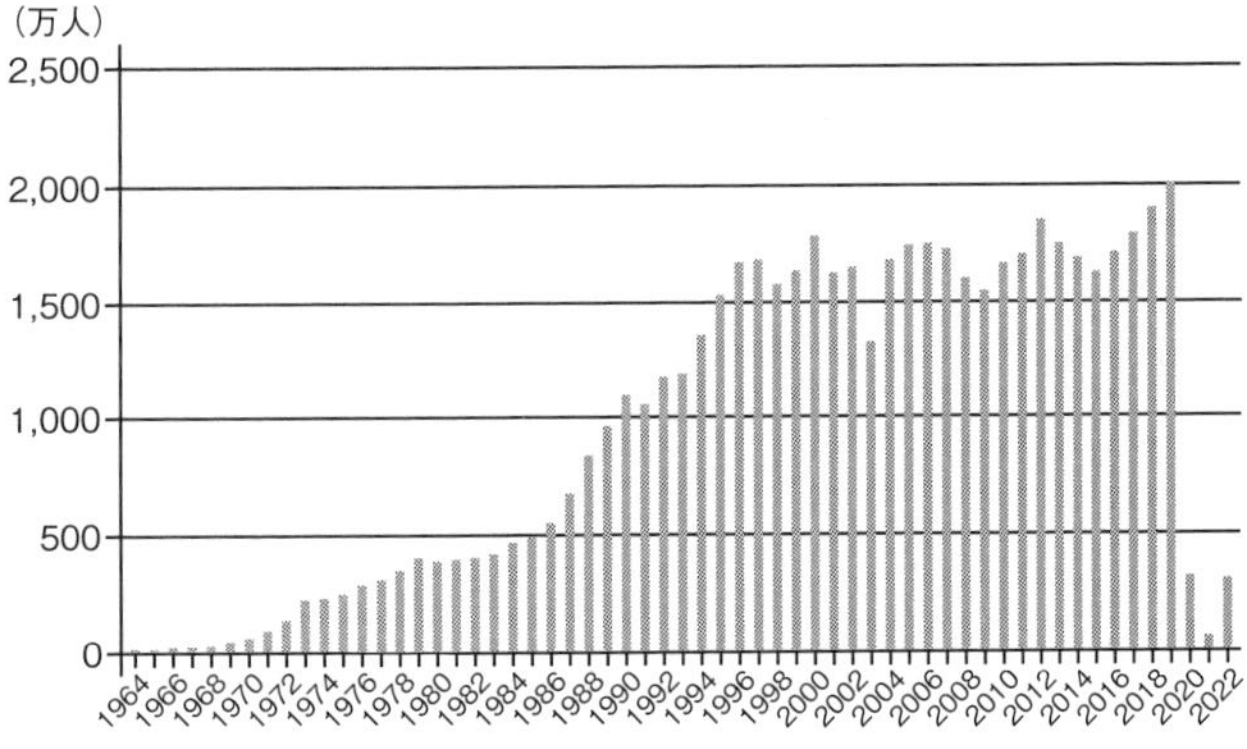

出典:出入国管理在留庁「出入国管理統計」

日常用品がなんでも１００円で買える「１００均ショップ」はニューヨークにもある。しかし、「１００均」ではない。

２０１９年3月、ダイソーはクイーンズのフラッシングにニューヨーク1号店をオープンさせたが、この店の最低価格帯は1・99ドルである。いずれも日本でいう「１００均」とは名ばかりで、日本と同じ製品が2~3倍はする。ダイソーはバンコクやクアランルンプールにもあるが、いずれも「１００均」ではない。

日本のファミレスのガストやサイゼリアは、一般日本人の外食の強い味方だ。アメリカから来た留学生をこの2店に案内したことがあるが、彼らはすっかり気に入って、「こんなに安くていろいろなものが食べられるところはない」と、大喜び。以来、ガストとサイゼリアの常連になった。

しかし、こんな店はアメリカにはない。日本のファミレスに近い店はあるが、価格は日本の3倍を下らない。

そんなにするなら、国内のほうがいいということで、ハワイやグアムから、石垣島や宮古島にビーチリゾート好きの旅行客がシフトした。

ハワイなら4泊の概算で、ホノルル往復航空券が20万円、ミドルクラスホテル4泊で15万円とすれば、その予算で、石垣島や宮古島なら往復航空券が5万円ほどだから、1泊10万円の高級リゾートやヴィラに4泊できてしまう。それに、石垣島《いしがき》や宮古島《みやこ》のビーチは、ハワイ以上だ。

こうして、時代は逆戻りし、海外旅行は日本人にとってふたたび〝高嶺《たかね》の花〟となった。

思えば海外旅行が大ブームになったのは1980年代だった。成田空港の開港やプラザ合意後の円高、そしてバブル景気がブームを加速させ、日本人の出国者数は1980年の390万人から1990年には1000万人を超えた。以後も年々、増え続け、コロナ禍前の2019年にはついに2000万人に達した（参照［図表1］）。

しかし、もう2度と2000万人を超えることはないだろう。

やがて歯止めが利かなくなる金利上昇

海外旅行が〝高嶺の花〟になってしまったのも、海外での日本の存在感が薄れているのも、日本経済が衰退を続けているからだ。いまの日本経済を見ていると、海外旅行が大ブームになった１９８０年代の半分の実力しかない。

ところが、日本政府にはその実感がない。

岸田《きしだ》文雄《ふみお》首相は、相変わらず、無用な外交を続け、日本がいまも「大国」であるかのように振舞っている。しかし、どう見ても日本は「先進転落国」であり、他国を援助する余裕などない。

２０２３年２月、日本政府は来日するフィリピンのマルコス大統領との会談で、年間２０００億円を超える支援を表明したが、これに対してＳＮＳでは怒りの声が巻き起こった。

《年間２０００億円超支援表明？　防衛費の一部１兆円を増税しようとしてもめているのに》《岸田の海外バラマキ合計18兆円超えたぞ　自公支持者と無投票層のせいで日本の貧困が加速して海外が益々潤ってる》《オレたち、外国を豊かにするために働いてるんじゃねえんだよ》

こんな状況を海外から見ている日本人たちが、口をそろえて言うのは、「日本は自滅しようとしているのか」「このまま行くところまで行かないと目が覚めないだろう」である。

日本の状況を見かぎって、海外に出た富裕層、エリート、有為な若者たちは、じつはかなりの数に上っている。そういう人たちに海外で会って話してみると、言うことはほとんど同じだ。

そればかりか、最近は、「もう本当に危ないのではないか。猶予はあと2、3年かもしれない」と言う人間もいる。

第1章　スタグフレーションに突入した日本経済

ついに始まったスタグフレーション

日本経済は2021年の秋から、スタグフレーションに突入した。それまで長い間続いてきたデフレが終わり、物価が上昇に転じたのである。

コロナ禍が始まって1年半、世界中でインフレが亢進《こうしん》するなかで、日本だけ物価が上がらなかった。日本企業は、原材料費などのコストの上昇を価格に転嫁《てんか》せずに耐えてきたからだ。しかし、その忍耐もついに限界に達した。

こうして2022年に入ると、物価はさらに上がり、メディアも「日本もインフレになった」と言うようになった。

しかし、これはインフレではない。なぜなら、物価が上がっても、それに連動して給料が上がらないからだ。給料が上がらないなか、一方的に物価が上がり、貯金、現金の価値が低下する。これはスタグフレーションであって、経済的には最悪の現象である。

過去の日本でスタグフレーションが起こったのは、原油価格の高騰で物価が急騰した1970年代のオイルショックのときだった。このスタグフレーションによって、それまで続いてきた、奇跡と言われた日本の〝高度経済成長〟が終わりを告げている。

「悪いインフレ」がスタグフレーション

インフレには2種類がある。「良いインフレ」と「悪いインフレ」だ。

良いインフレでは、物価の上昇とともに給料も上がる。好景気がインフレの原因なので、需要が増え、それにともなって生産量も増え、物価も上がるという好循環が起こる。つまり、このケースでは、いくら物価が上がっても所得増をともなうので、国民の生活、家計、ビジネスへの悪影響はない。

ところが悪いインフレは、たとえば原材料の逼迫《ひっぱく》で生産コストなどが上がることが原因で起こる物価上昇だから、給料の上昇をともなわない。このインフレは景気の良し悪しとは関係なく起こるので、景気が良くないときに起こると、国民生活に悪影響をもたらす。とくに、低所得者層は生活が困窮する。

この悪いインフレを「スタグフレーション」と呼んでいる。現在のインフレは、コロナ禍で景気が低迷するなかで起こったので、明らかなスタグフレーションである。

いっせいに始まった値上げの中身

スタグレーションが始まった2021年秋、「読売新聞オンライン」(2021年9月30日付)

は、『値上げまた値上げの10月、野菜・マーガリン・牛丼…宣言解除でも水を差すおそれ』という記事を配信した。この記事で紹介された主な値上げ品は、次のとおりだった。

・マーガリン：雪印の「ネオソフト」（160グラム）の希望小売価格は税込みで16円ほどの値上げ。
・牛丼：松屋は「牛めし」（並盛り）を税込み320円から全国一律で380円に値上げ。
・野菜：農林水産省は9月29日、主な野菜14品目の10月の価格見通し（卸値ベース）を発表。ジャガイモとタマネギは10月を通して平年より2割以上高くなる見込み。ハクサイやレタス、ナスも、高値で推移。

記事では、これらを紹介したあと、今後、年末の繁忙期にかけて、そのほかの食料品、たとえばケーキなどが、原材料の高騰から値上がりすることを警告していた。

こうした製品価格の直接の値上げと「ステルス値上げ」（価格を据え置いたまま内容量を減らす実質的な値上げ）は、このあと本格化した。

当時はまだコロナ禍の真っ最中だったから、それと相まって、物価の上昇は消費の減退を招いた。IMF（国際通貨基金）によると、2021年、日本の経済成長率は1・66％とプラス成長となったものの、コロナ禍が始まった2020年のマイナス4・62％からの回復に過ぎないから、成長とはとても言えなかった。

マクドナルドは1年間で3度も値上げ

2022年からは、「値上げ」は毎日のようにメディアに取り上げられるようになった。あまりに長くデフレが続いてきたために、「物価は上がらない」「価格は明日も同じ」という日本人の共通認識は、これで一気に崩れた。これまでの〝常識〟は、もはや〝常識〟ではなくなった。

インフレを端的に象徴するのが、マクドナルの3回にわたる値上げだろう。マクドナルドは、2022年の3月と9月、そして2023年1月と3度の値上げを行った。その結果、ハンバーガーが110円から170円に、ビッグマックが390円から450円（店頭価格）になった。1年前に比べて、60円も上がったのだから、財布へのダメージは相当大きい。

しかし、それでもなお、英国の経済誌「エコノミスト」が発表しているビッグマック指数（BMI）を見ると、「安いニッポン」はダントツで続いている。

［ビッグマック指数（BMI）比較］

アメリカ…5・36ドル（約696円）BMI：プラスマイナス0

ユーロ圏…4・86ユーロ（約680円）BMI：マイナス1・4
韓国…4900ウォン（約515円）BMI：マイナス26・0
シンガポール…5・9シンガポールドル（約581円）BMI：マイナス16・6
日本…450円BMI：マイナス34・9

世界が高インフレのなか日本だけ低インフレ

日本ばかりではない。世界中がインフレに苦しむようになった。もともと世界各国は、インフレ経済だったが、コロナ禍が収束に向かい始めるとほぼ同時にインフレ率が跳ね上がった。OECDによると、G20の2020年までの10年間の平均インフレ率は〝適温〟とされる2～3％。それが、2022年には年間で8・1％にも達した。アメリカは6・2％、ユーロ圏は8・3％となった。ただし、欧米諸国に比べて日本は低く、2・3％にとどまった。

［図表2］は、2019年から4年間の日米欧の消費者物価の推移である。コロナ禍によって一時的に下がったものの、その後は一貫してインフレが亢進してきたことがわかる。

欧米の高いインフレ率に比べ、なぜ日本は低いのだろうか？　それは、日本の消費者物価（総合）のなかに、下落を続けた携帯電話料金が含まれていたからだ。

［図表3］は、コロナ禍が始まった2020年1月から2年間の消費者物価の推移グラフだが、

【図表2】日米欧の消費者物価指数の推移

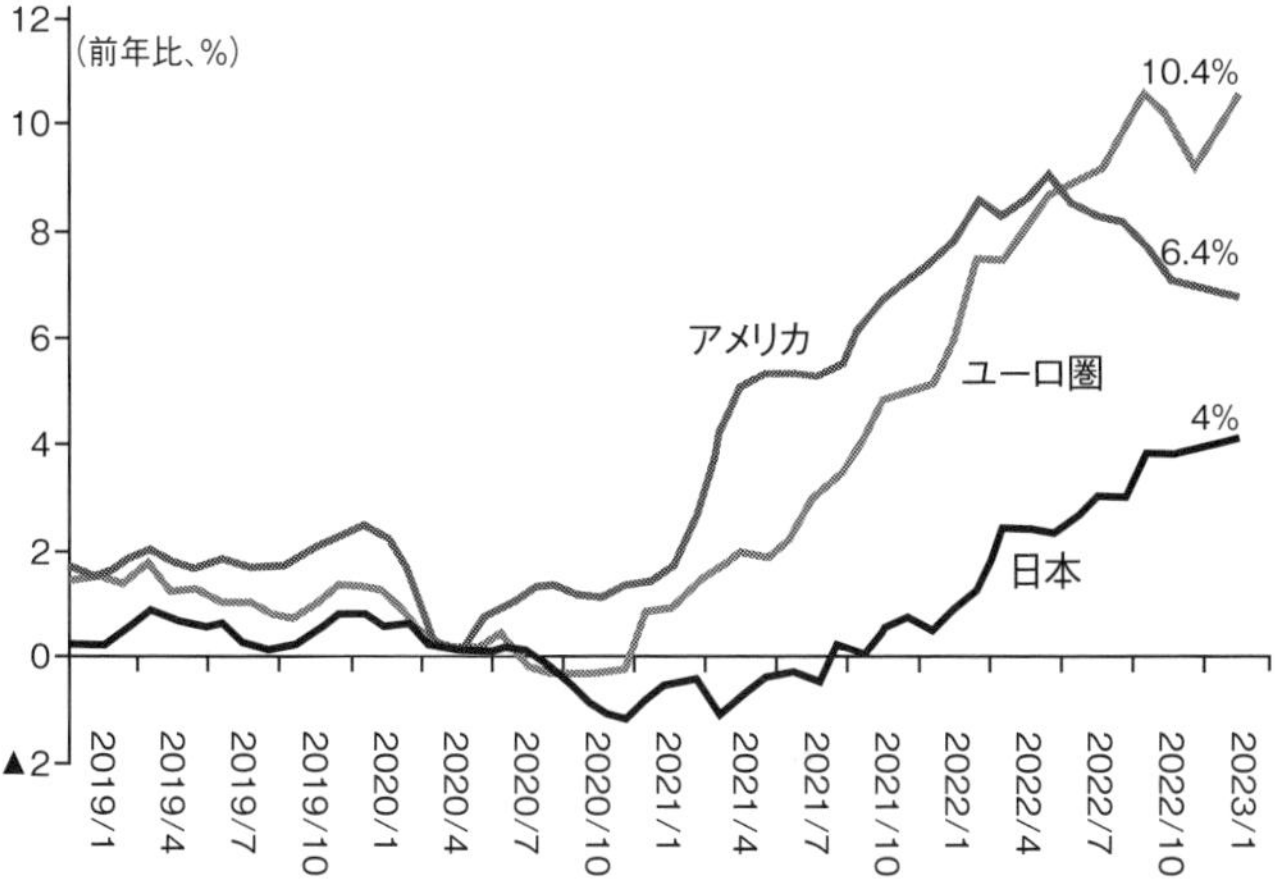

出典・参照:CEIC

【図表3】日本の消費者物価指数の推移

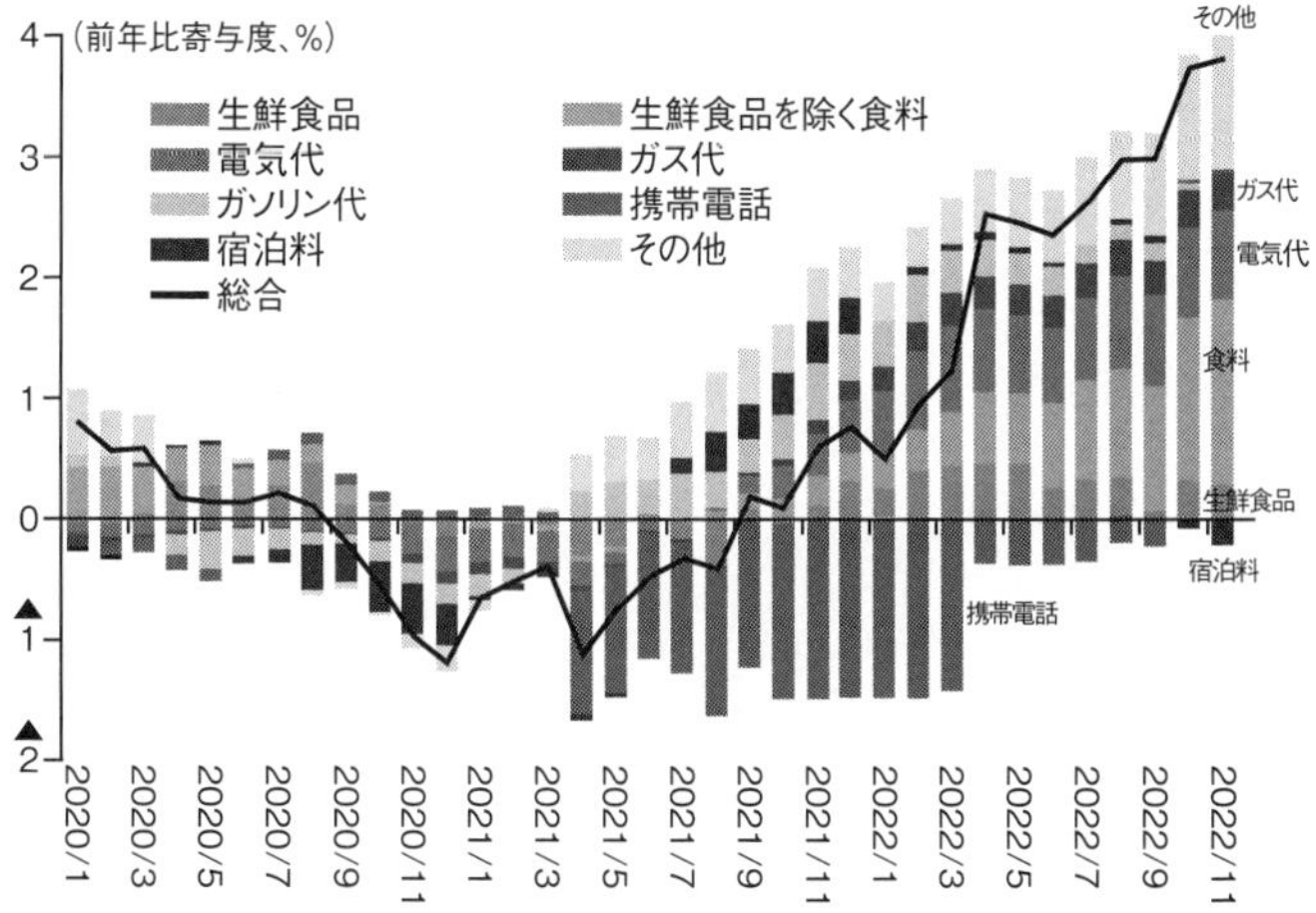

出典:総務省

携帯電話料金の下落が物価全体の上昇率を引き下げていたことがわかる。

つまり、日本のインフレ率2・3％は、毎日、食料品を買う国民の日常生活の感覚とはかけ離れていたのだ。食料品にかぎれば、マックの例を持ち出すまでもなく、とても2・3％では済まない。

いずれにしても、日本経済はデフレからインフレに転じた。それが、たとえ2・3％だとしても、日銀の異次元緩和が目標としてきた2・0％を超えたのだから、日銀は緩和を打ち切るべきだった。そうでないと、インフレは止まらなくなる。

案の定、2022年12月には、消費者物価（生鮮食品を除く）の上昇率は4・0％に達し、41年ぶりの物価高を記録した。

なぜ世界中でインフレが亢進したのか？

世界経済がインフレに突入したのは、コロナ禍によって巨額な給付金、休業補償金などがバラまかれた後に、需要が急激に回復したからである。

また、異常気象の影響で、世界的な農産物不足が起こったこと、さらに石油や鉱物資源などが不足したことも大きかった。これに輪をかけたのが、グローバル経済で構築されたサプライチェーン（供給網）が寸断されたり、混乱したりしたことだ。さらに、2022年2月から起こったウクライナ戦争がインフレに拍車をかけた。

ＯＥＣＤは報告書で、インフレ抑制は「私たちがもっとも優先すべき政策課題」と位置づけ、主要国は「金融引き締めを継続する必要がある」と促した。

ＯＥＣＤの警告を待つまでもなく、アメリカのＦＲＢ（連邦準備制度理事会）、ＥＵのＥＣＢ（欧州中央銀行）、英国のイングランド銀行などの中央銀行は、金融緩和を手仕舞いしてテーパリング（量的緩和の縮小）に入った。そうして、金利を段階的に引き上げた。

ＦＲＢのパウエル議長は、「インフレが収束するまで粘り強く金利を引き上げていく」と宣言した。

しかし、日銀だけは緩和を続けた。日本政府と日銀には、インフレを抑える気がなかったと言えるだろう。ただし、もしその気があったとしても、緩和をやめて金利を上げてしまうと、国債の利払いができなくなって予算が組めなくなる。それが怖くてできなかった。そう言うほかない。しかも、「異次元緩和は失敗だった」などとは、口が裂けても言えないのである。

食料品の平均値上げ率はなんと18％

〝物価の番人〟とされる中央銀行が、その役目を果たさず、金融緩和をし続けているということは、インフレが放置されているということを意味する。

したがって、日本の物価上昇は、2023年になってさらに進んだ。とくに食品の値上げラッシュはすさまじい。

帝国データバンクの「食品主要105社価格改定動向調査」によると、上場している食品メーカー105社が扱う食品のうち値上げ予定の品目は、2022年1月～12月までの1年間で、累計2万822品目に上った。これにより、1年間での平均の値上げ率は14%に達した。

そして、2023年は、1月が580品目、2月が4283品目、3月が1837品目、4月が690品目と値上げ予定品目が続き、ここまでで累計で7390品目に上った。1回あたりの平均値上げ率は18%で、2022年と比べて4ポイントも高くなった。

食品のなかでもとくに値上げが多いのは、冷凍食品や缶詰、麺製品、かまぼこなどの水産練り商品やシリアルなどの加工食品で3897品目。多くの加工食品は、これまで、小麦・砂糖・食用油・食肉などの原材料価格の上昇、包材資材や物流コストの上昇、円安による輸入コスト増などを、十分に価格に転嫁できなかった。しかし、もはや限界を超えたので、次々に値上げを実施せざるをえなくなったのである。

税金を事業者に補填するという〝愚策〟

家計を直撃するインフレで、食品以上に破壊力があるのが、公共料金である。電気・ガス・

水道は節約しようにも限度がある。いずれもライフラインだから、大幅な値上がりは国民の死活問題になる。

しかし、電力会社は2022年の暮れ、いとも簡単に政府に値上げを申請した。電力大手5社の平均値上げ率は、なdんと30～40パーセント。一気にこれほど上がれば、家計は悲鳴を上げる。

そこで、政府は事前に「電気・ガス価格激変緩和対策事業」を閣議決定し、2023年1月から、電気料金を1キロワットアワーにつき7円を事業者に補塡《ほてん》するという物価対策を開始した。これは、規制料金を約2割値引きしたことに相当するので、電気料金の値上げは最大20％程度に抑えられることになった。

だが、これは愚策中の〝愚策〟、マヤカシだ。表向きは国民生活に配慮したように見えるが、補塡金を受け取るのは国民ではなく事業者なのである。つまり、税金で特定の企業を救済しているのと同じだ。

また、補塡額を計算してみると、なんと年間で約1・9兆円になる。これは消費税なら1％に相当する。ならば、電気料金にかかる消費税を引き下げたほうが、救済策としてはフェアではないだろうか。

さらに、公的料金の値上げが家計に響くのは所得が低い層だから、そうした人々をピンポイントで助けるのが、本来の税金の使い方ではないだろうか。そうでない一律の補塡だと、インフレの影響がほとんどない富裕層も税金で助けることになる。

ありえない公的資金による民間企業救済

ここでハッキリ述べておきたいが、日本は資本主義市場経済の国ではない。この国の経済は社会主義経済に近く、資本主義と言っても、それは「縁故《えんこ》資本主義」(クローニーキャピタリズム)である。

縁故資本主義は、途上国、新興国でよく見られる政治・経済のシステムで、政治家や官僚と特定の事業者、企業が「縁故」(コネ)で結びついてビジネスが回っていく。イメージで言えば、「談合」である。

たとえば、東京五輪の「談合入札」による汚職事件は、その典型だ。これによって約1兆円の税金が、随意入札をした〝縁故企業〟に流れ込んだ。招致時、大会組織委員会は経費総額を約7300億円と公表していたが、結局、約1兆7000億円と2倍以上に膨らんでしまった。

縁故資本主義では競争がなくなるので、イノベーション、価値創造は起こらず、経済は成長しない。

電気料金の事業者への税金による補塡もまた、典型的な縁故資本主義の例と言っていい。政府は2022年4月にガソリン価格が高騰したときも、石油元売り事業者に補助金を配っているが、これも同様だ。

そこで思い出されるのが、2011年の東日本大震災による福島第一原発の事故で、当時の菅直人《かんなおと》政権が公的資金で東京電力を救済したことだろう。あのとき、政府は早々と賠償金などの損出補塡を増税でまかなうことを閣議決定してしまった。

東電は、一民間企業である。民間企業が事故などによって損出を出した場合、保有株式や不動産など売却可能な資産をすべて現金化して、それに充てるのが資本主義におけるルールだ。もっと言えば、東電は本社ビルから社宅まで売却し、さらに役員報酬や社員の年収も削減し、整理解雇を含めたリストラを実施する。退職者への年金もカットする。また、東電に融資している金融機関に債権放棄を求め、最終的に社債をデフォルトしなければならない。

しかし、菅政権はそうしたことを一切求めなかった。東電は経産官僚たちの大事な天下り先だからである。こうして、すべてのリスクは国民に付け回された。

救われたのは、東電の役員、社員、株主などのステークホルダーである。電気料金の値上げも、まったく同じ構図で、電力事業者にはなんの痛みもない。

日本の歴代政権で、まともな資本主義市場経済をやってきた政権はない。与党も野党も、政治家たちは資本主義を理解しておらず、ともかく競争を嫌う。これでは経済が成長するはずはなく、その結果、給料は上がらない。スタグフレーションは進む一方になる。

平均賃金はすでにOECD38カ国中24位

もうくどいほど言われているが、現在の日本人の平均賃金は、世界の主要国のなかでは低いほうに位置する。本稿執筆時点でのOECDの最新データ（2021年）では、加盟38カ国中24位である。

次の［図表4］にあるように、もっとも平均賃金が高いのはアメリカで、7万4738ドル。以下、ルクセンブルク、アイスランド、スイスと続く。日本はというと、ずっと下がって、韓国や中東欧のスロベニアやリトアニアより下で3万9711ドル。アメリカの約半分である。

OECDの平均は5万1607ドルなので、日本はもはや「先進国」でも「中進国」でもなくなってしまった。

順位で言うと、1991年には13位（当時の加盟国は24カ国）、2000年に18位、2010年に21位、2015年に24位というように年を追うごとに順位を落としてきた。

［図表5］は、G7各国の平均賃金の推移（1991年〜2021年）のグラフである。1991年当時、日本の平均賃金は3万6879ドル。アメリカの4万6975ドルよりは低かったが、英国やフランスよりも高かった。

【図表4】OECD加盟国の平均賃金（2021年）

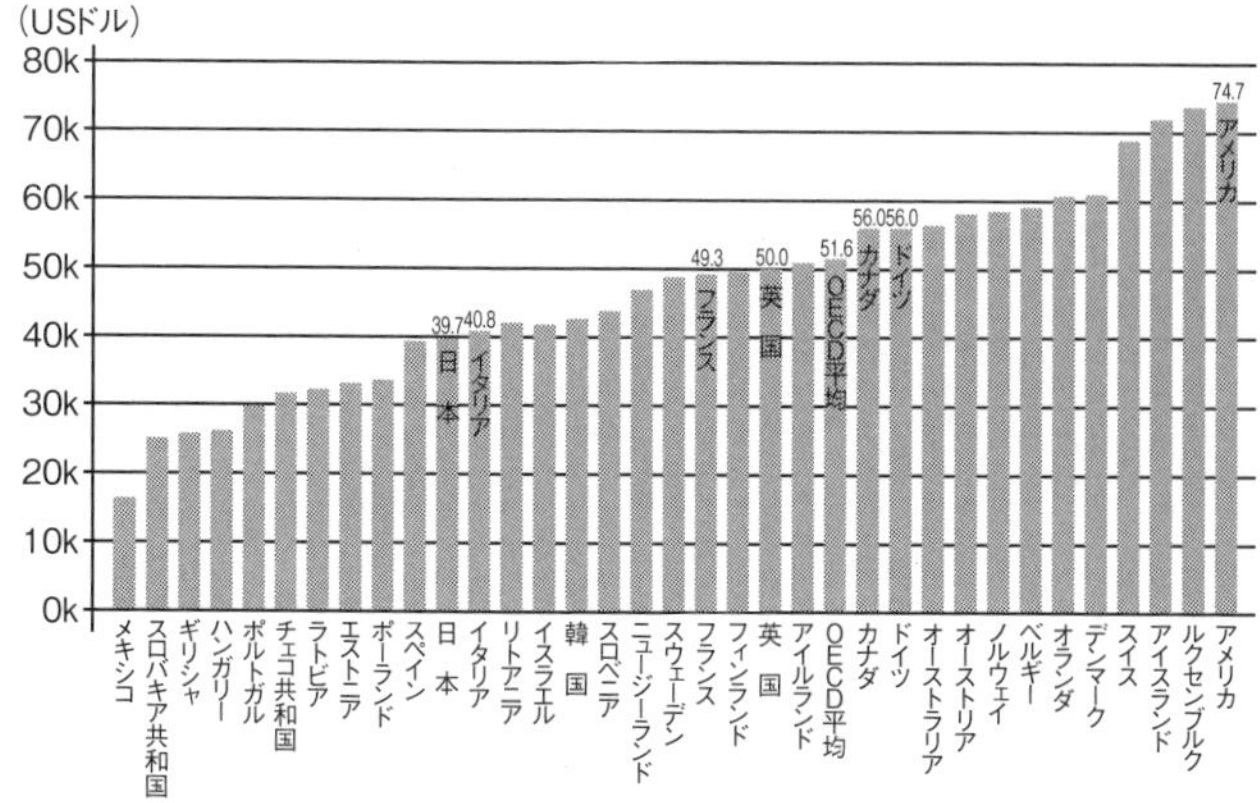

出典・参照:OECD

【図表5】G7各国の平均賃金の推移（1991年～2021年）

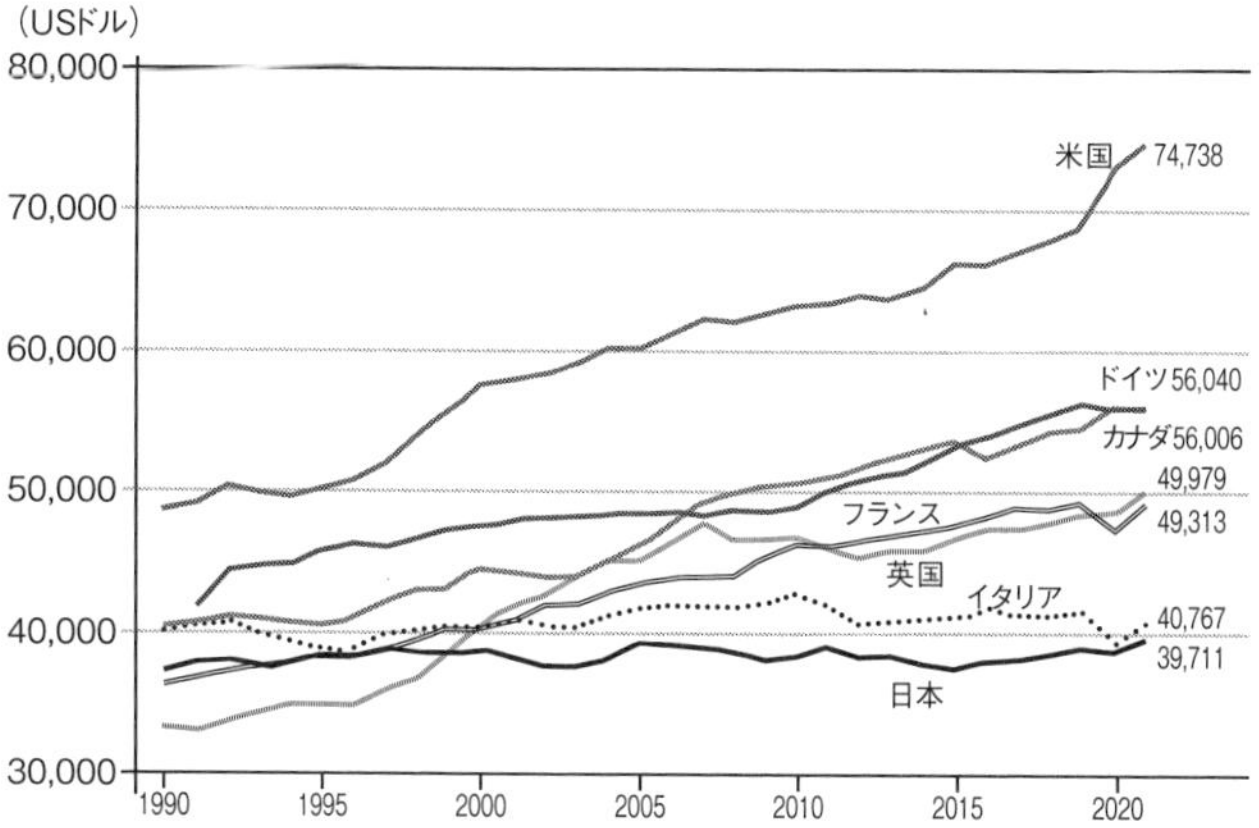

出典:OECD

しかし、その後の２０２１年までの30年間で、日本の平均賃金はわずか３０００ドルほどしか増えなかった。それに対して、アメリカは約２万７０００ドル、ドイツ、カナダ、英国、フランスは１万ドル以上増えている。これを伸び率で見ると、アメリカが53・２％、英国が50・４％となるが、日本はわずか６・３％だから、この30年間、時間が止まっていたのと同じだ。

ところで、ＯＥＣＤの数値は各国の通貨をドルに換算したもので、日本の場合、為替レートは２０２１年の平均１ドル１０９・８円で換算されている。そこで、為替レートを本稿執筆時点（２０２３年３月）の１ドル１３５円で換算してみると、日本の平均賃金は約３万３０００ドルになってしまう。２０２２年の記録的円安の１ドル１５０円で換算すると、なんと約２万９０００ドルである。これだとポルトガルを下回り、ＯＥＣＤ38カ国中31位まで順位は転落する。

一般的に賃金は、その国で平均的な暮らしができるレベルに合わせて、市場によって決まる。そのため、スタグフレーションが亢進すると、平均賃金ではまともに暮らせないことになる。

貯め込んだ内部留保では給料は払えない

これもすでにさんざん言われているが、なぜ、日本だけが賃金が上がらなかったのだろうか？

その答えは、いたってシンプル。それは、日本だけがほとんど経済成長をしなかったからだ。

経済成長は、人口の増加、労働生産性の伸び、イノベーションなどによってもたらされる。

この30年間あまり、日本ではこの三つとも起こっていない。日本は人口減に陥ったうえ、労働生産性も伸びず、イノベーションも起こらず、ただ漫然と同じ日常を続けて、世界から取り残されてしまったのである。

給料が上がらない原因を、企業が内部留保を貯め込んで給料として還元していないからだという批判がある。たしかに、日本企業の内部留保は516兆円を突破し、異様な水準であることは間違いない。

しかし、内部留保というのは、賃金を含むすべての経費や税金を差し引いて得た利益で、これを投資に回さなければ企業は成長しない。日本企業の場合、国内での設備投資はそれほど増やしてこなかったが、その分、海外での設備投資や企業買収に資金を投じてきた。

つまり、内部留保とは、金庫や銀行に貯め込んだ現金のことではない。だから、内部留保で給料を払うことなどできない。

内部留保に課税しろと言う政治家までいるが、そんなことをすれば、一般企業の場合は企業体力が大きく落ちるため、景気悪化時には大規模なリストラが発生するだろう。内部留保課税はたしかにできなくはない。しかし、それは節税目的で利益を貯め込んでいる特定同族会社のような会社に対して行うものだ。

この国では、お上が「稼いだカネは差し出せ。それをわれわれが国民に分配する」と常に言っている。そう考えざるをえない。これはもう「これ以上稼いではいけない」と言っているのと同じだ。

まさに、間違いなく社会主義である。

給料を上げたら減税するというトンデモ政策

なんとかして給料を上げたい。そうすれば、国民は喜び、選挙の票も獲得できる。そう政治家が考え、できてしまったのが、「賃上げ促進税制」である。

これは、企業が従業員の給料をアップさせると、大企業で支給額の最大20％、中小企業で最大25％を法人税から控除されるという制度だ。この制度は、2022年度の税制改正によって改正され、2023年からは控除率が大企業で最大30％、中小企業では最大40％に引き上げられた。

しかし、これもまたとんでもない制度である。こうすれば、たしかに給料は上がるかもしれないが、その原資は企業の利益ではなく減税だから、もとをただせば税金である。つまり、税金で給料の一部を補塡しているのと同じだ。

これのどこが、本来の給料のアップだろうか？

この国の政治家は、ほぼみな社会主義者である。とくに保守を自認している政治家は、自身の主張が資本主義市場経済に反しているとは思っていないようだ。

たとえば、2021年10月、当時、自民党で政調会長を務めていた高市早苗《たかいちさなえ》議員は、「私案だが、現預金に課税するかわりに、賃金を上げたらその分を免除する方法もある」と、企業の現預金に対してなんらかの税を課すことを提唱した。

こうした倒錯《とうさく》した考え方は、アベノミクスを支持した多くの政治家、官僚、専門家に共通する。その最たるものが、日本の経済低迷の原因はデフレにあり、デフレから脱却すれば経済は成長するというものだ。これは、原因と結果を取り違えた見方で、経済低迷の原因はデフレではない。

経済が低迷しているからデフレになるのであって、デフレを単にインフレに転じさせても経済は成長しない。

日本の賃金が上がらなかった本当の理由

金融緩和によって経済が活性化するなど、ほぼありえない。そんなことより、経済成長をはばみ、賃金の上昇を妨げている制度を改革すべきだった。たとえば、正規雇用者の労働流動性を高め、年功序列、終身雇用システムを止めていれば、日本人の平均賃金はもっと上がっただろう。

しかし、これまで日本がやってきたのは、非正規雇用を増やして、彼らに正規雇用の仕事をさせるという〝逆行政策〟だった。

日本人の平均賃金が上がらなかったのは、経済成長ができなかったからだが、そうなってしまった構造的な原因は、賃金が安く済む非正規雇用者を増やしたことにある。いまでは、非正規雇用者は、約2101万人で日本の全雇用労働者の約4割を占めるまでになった。

非正規といっても、「同一賃金同一労働」が実現していれば、問題は大きくならなかっただろう。しかし、日本は〝身分社会〟のため、両者の格差は歴然とついてしまった。

厚生労働省の「賃金構造基本統計調査」（2021年）によると、正社員・正職員の平均給与は323万4000円（年齢42・2歳、勤続年数12・5年）、非正規雇用者は216万7000円（年齢48・8歳、勤続年数8・7年）となっていて、年収に100万円以上もの差がある。

しかも、非正規雇用者は、今後さらに増え続ける傾向にある。いまや多くの企業で定年はなくなり、人々はかつての定年年齢を過ぎても働き続けている。これは年金だけでは生活が成り立たないからだが、こうした高齢者の雇用のほとんどが非正規であり、その賃金は現役時代の半分がいいところである。

このような非正規の高齢労働者が労働市場に存在するかぎり、平均賃金が上がるわけがない。スタグフレーションは、非正規労働者の暮らしを窮地に追い込む。2022年秋から、一部の企業は一時的なインフレ手当を社員に支給するようになった。しかし、これは余裕のある大企業だけの話であり、当然ながら非正規社員には支給されない。

毎年繰り返される「官製春闘」という〝愚行〟

安倍《あべ》政権、菅《すが》政権、そして岸田政権と、歴代政権は日本人の給料を上げるために、なにをしてきただろうか？

驚くべきことに、首相による賃上げの「お願い」が毎年繰り返されてきた。日本独特の労使交渉「春闘」の時期になると、日本の首相は労働組合に代わって、経営側に賃上げを要求するのだ。この「官製春闘」は、２０１３年に当時の安倍晋三《しんぞう》首相が始めて以来、今日まで続いてきた。

２０２３年正月、岸田文雄首相は伊勢神宮参拝後の年頭記者会見で、「今年の春闘はインフレ率を超える賃上げの実現をお願いしたい」と述べ、賃上げを実施した企業の法人税を優遇する措置を打ち出した。

前記したように、これはとんでもない〝愚行〟である。

岸田首相は、就任時に「新しい資本主義」を打ち出したが、その新しい資本主義について、こう説明した。

「成長と分配の好循環による持続可能な経済を実現するのが、その要です」

「その第一は、所得の向上につながる賃上げです。春には、春闘があります。近年、賃上げ率の低下傾向が続いていますが、このトレンドを一気に反転させ、新しい資本主義の時代にふさわしい賃上げが実現することを期待します」

この発言で、首相が資本主義をまったく理解していないことがわかる。なぜなら、賃金は市場によって決まるもので、それが資本主義市場経済だからだ。

2023年の春闘は、インフレが亢進したため、大手企業は例年以上の賃上げに踏み切った。たとえば、「ユニクロ」を運営するファーストリテイリングは、3月から正社員約8400人の賃金を最大で40%引き上げた。任天堂は、4月から正社員のほか嘱託社員やアルバイトも含めて全社員の基本給を10%引き上げた。そのほか、野村証券、三井住友銀行などの金融機関も異例の賃上げに踏み切った。

しかし、これは、首相が要請したからではない。たとえばユニクロの広報担当者は、柳井正《やないただし》会長兼社長の考えとして次のようなコメントを出した。

「報酬改定は成長戦略の一環として準備してきた。よって政府の賃上げ要請などとは無関係」

「世界水準の仕事をお願いするなら、母国市場である日本の報酬も世界水準にしなければならない」

首相が要請すれば賃金が上がるなら、企業はみな国営企業になってしまい、市場経済は成り立たなくなってしまう。

賃金はどうやって決まるのか？

世界でも日本だけにしかない「春闘」があるせいか、日本人は、給料は労使交渉によって決まるものだと考えている。しかし、その考えは間違っている。労働者と経営者との交渉が賃金決定に影響を及ぼすのはたしかだが、それ以前に、企業が利益を上げていないかぎり、賃金は上がりようがない。

企業は、売上から売上原価を差し引いた「粗利益《あらりえき》」（売上総利益）のなかから、賃金、利子、税などの支払いを行っている。この粗利益は、企業会計上において「付加価値」と呼ばれている。賃金の総額は、この付加価値の総額に左右される。

つまり、付加価値が多ければ賃金の総額を多くできるが、少なければ少なくせざるをえない。粗利益がマイナスになっている場合は、モノやサービスを売れば売るほど赤字（損失）が膨らむ状況なので、賃金を上げようがない。

また、市場全体の動向も賃金を決める重要な要素の一つだ。賃金も物価と同じで、需要と供給によって決まる。つまり、労働力が豊富に存在する市場では賃金は低くなり、その逆で、労働力が不足している市場では賃金は高くなる。人手不足の市場では、自然に賃金は高くなる。

さらに、労働生産性も賃金を決める要素の一つだ。労働者1人に対しての付加価値額を労働生産性としているが、これが向上すれば賃金は上がる。労働分配率を一定とすれば、付加価値の増加分の一部が賃金に分配されるからだ。

労働生産性は、たとえばデジタル化を進めれば、仕事の効率がよくなって、労働生産性は上がる。

このように、賃金が決まるにはいくつかの要素があり、これらの要素が満たされないかぎり、賃金が恒常的に上がることはない。それなのに、日本政府は春闘に口出しをし、市場経済を歪《ゆが》めている。

企業によっては、首相の顔を立てて、賃上げに付き合うところもある。しかし、それは一過性であり、逆に弊害も大きい。

たとえば、ある企業が市場で決まる条件を無視して賃上げをした場合、当然ながら利潤は減り、長期的に見ると競争力を失って倒産する可能性があるからだ。

現金、預貯金を持つことは大きなリスク

それでは、ここで、スタグフレーションについて整理してみよう。不景気のなかで物価が上

がるというスタグフレーションでは、次のような悪循環が起こる。
景気が悪いなかで物価が上昇する↓企業の業績が悪化して給料が上がらなくなる↓消費が減ってさらに景気が悪化する↓現金、預貯金の価値が低下する↓生活がどんどん苦しくなる

この悪循環のなかで、最悪なのは、現金、預貯金の価値が低下してしまうことだろう。給料が上がらずに物価だけが上がっていくため、同じ金額で買えるモノが減ってしまうからだ。

生卵1パックで3.68ドル。2022年10月撮影当時のレートで約540円。テキサス州エルパソ（写真提供：朝日新聞社）

物価が上昇し続けるというのは、たとえば、今日1個50円で買えた卵が1カ月後には100円に値上がりしていて、50円では買えないということだ。つまり、1カ月で持っているおカネの価値は半減してしまう。

もしインフレがさらに昂《こう》じてハイパーインフレになり、卵が1個1000円になったら、おカネは紙くず化する。

ハイパーインフレでなく、マイルドなインフレであっても、現金の価値は目減りする。仮にインフレ率が年3%で継続したとすると、現在1000万円の実質価値は20年後に約554万円になってしまう。

したがって、インフレ経済においては、金利が大事なのである。年3%のインフレ時に金利が3%付けば、預貯金の価値は目減りしない。

しかし、日銀はインフレが起こっているのにもかかわらず頑《かたく》なに量的緩和（QE）を続け、イールドカーブコントロール（YCC）によって金利を抑制し続けてきた。イールドカーブというのは「利回り曲線」のことで、このカーブの傾きを操作して長短金利を目標水準にする。そのために日銀は無制限に国債を購入して、国の〝借金財政〟を助けてきた。日銀と政府は、国民の生活などどうでもいいのだろう。

日本人は生真面目《きまじめ》だから、働いてコツコツと貯金をし、将来に備えるという生き方が定着している。しかし、それはデフレが続いて、貨幣価値が将来も変わらないという前提があってこそ可能なことだ。

インフレもそうだが、とくにスタグフレーションにおいては、現金や預貯金を持っていることは自殺行為になってしまう。

スタグフレーションの対抗策はストライキ

スタグフレーションから、資産を持たない庶民が逃れる手立てはほぼない。しかし、なにもしなければ、生活はどんどん困窮化する。物価上昇が続くかぎり、節約しても限度がある。

そこで、2022年の暮れから世界各国で大規模なストライキが起こるようになった。英国では、年末年始に地下鉄、鉄道、バス、飛行機などの交通機関がマヒするストライキが続いた。また、医療関係者も、過去100年間の歴史のなかで最大規模のストライキを行った。看護師労働組合に属する10万人の看護師が19％の賃上げを求めたストライキは、世界中で報道された。

看護師労働組合の要求を受けて、イングランドとウェールズ政府はNHS（国民保健サービス）の下で働く職員に対して、平均4・75％、賃金を引き上げると発表した。しかし、英国のインフレ率は10％を超えているので、この程度では〝焼け石に水〟に過ぎなかった。

郵便局職員、小中高教員、大学職員なども大規模なストライキを行った。そのため、英国では子どもたちが学校に行けなくなる事態が続いた。

フランスでは、年金支給年齢を62歳から64歳に引き上げる法案が発端となって、学校教員の約65％が参加するストライキが起こった。

アメリカでも大規模ストライキが続いた。

ニューヨークでは、約7000人の看護師が、賃上げだけでなく看護師の増員を求めて3日間のストライキを行った。その結果、ニューヨーク州看護師組合は、向こう3年間で19・1％の賃上げを勝ち取った。

カリフォルニアでは、カリフォルニア大学の大学院生や講師ら4万8000人が賃上げを求めてクリスマスストライキを行い、25％から80％の賃上げや育児休暇を勝ち取った。

このように、スタグフレーションは世界中にストライキの嵐をもたらした。ところが、日本では抗議デモすら起こらない。しかし、スタグフレーションが亢進していけば、やがて日本でも大規模なストライキが起こる可能性がある。そうなれば、これまでの政治・経済システムは地殻変動を起こすかもしれない。

第2章

止まらぬ円安が示す国力の衰退

記録的な円安の原因は日米の金利差

日本円は、世界の主要通貨の一つである。だから、日本経済が安定していれば、円は〝安全資産〟として投資家に買われる。

しかし、安全資産というのは、メディアが勝手につくり上げた幻想に過ぎないことが次第に明らかになってきた。経済は長期低迷し、財政赤字は莫大《ばくだい》で、貿易赤字は拡大を続けている。そんな国の通貨が安全資産であるわけがないからだ。

それなのに、ドル円相場は2013年から2021年までの約10年間、大きく変動しなかった。1ドル100円〜110円の範囲で安定したレートを保ってきた。そのため、日本人は誰もが、ドルに対しての円の価値は変わらないと思い込んできた。

しかし、2022年に世界中でインフレが激しくなると、ドル円相場は大きく変動し始めた。ドル円レートは2022年の1月に113円前後だったが、10月にはなんと一時的に150円を突破した。これは、1990年以来の32年ぶりの記録的な円安だった。

その原因を、専門家もメディアも、日米の金利差が開いたからだと指摘した。

アメリカのFRBは、インフレが昂じていくのに合わせて、経済学の常識どおり、政策金利（FF：フェデラルファンド金利の誘導目標）を引き上げた。2022年の1年間を振り返ると、4

【図表6】ドル円レートの推移（2013年〜2023年）

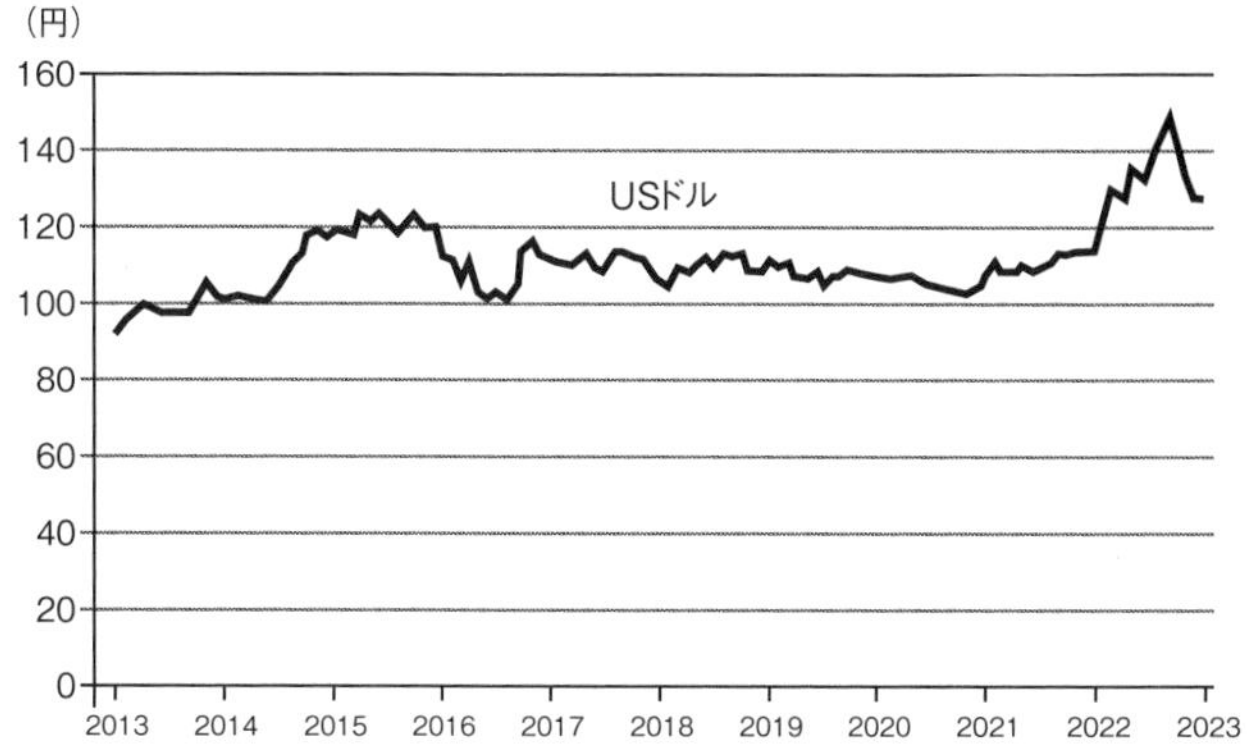

出典:IMF

【図表7】ドル円レートの推移（1980年〜2023年）

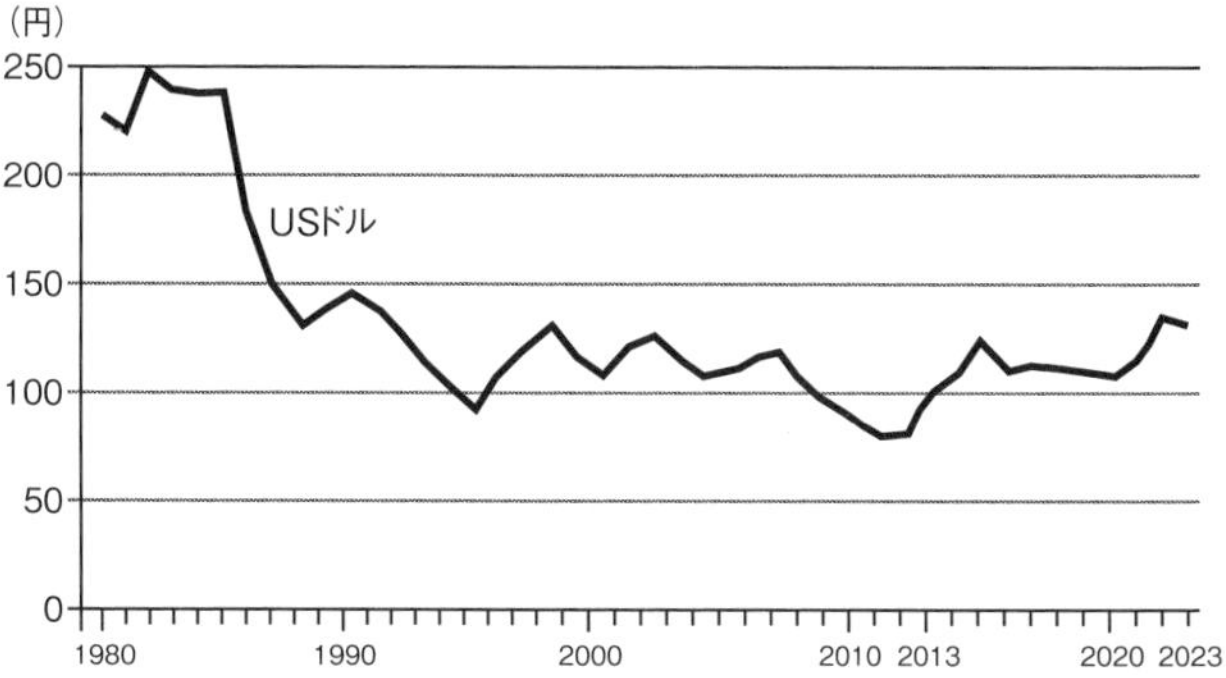

出典:IMF

回連続で0・75％の異例の大幅利上げを行い、その後の12月のFOMC（連邦公開市場委員会）でやや減速して0・5％の利上げを行った。その結果、アメリカの政策金利は過去15年で最高水準の4・25～4・5％に達した。

この間、日銀はインフレにもかかわらず量的緩和を続け、長期金利（10年物国債利回り）を0・25％に固定したままにしたので、日米の金利差は拡大の一途をたどった。2022年10月になって日銀は突如円買い介入し、さらに12月に長期金利を0・5％に引き上げたので、円安は反転してドル円は120円台に戻った。

しかし、2023年の本稿執筆時点（2023年3月）では、ふたたび135円を超えている。FRBは依然として小幅ながら利上げを続けている。

前頁の［図表6］は2013年から10年間のドル円相場の推移グラフ、［図表7］は1980年から約30年間の推移グラフである。

為替レートが変動する二つの理由

たしかに金利差が開けば、為替相場は大きく動く。金利の安い通貨を売って高い通貨を買うからだ。円を持っているよりドルを持っているほうがはるかにトクだから、円を売ってドルを買う。

しかし、記録的な円安の原因は、金利差だけだろうか？

為替レートは、変動相場制の下では、一般的に金利差で動くとされている。

A国とB国に金利の差があると、たとえばA国の金利がB国より高ければB国の通貨は下落する。アメリカの金利のほうが日本より高ければ、円安になる。これが逆なら、円高になる。ただし、これは両国の経済が正常に保たれていることを前提としている。

もう一つ、通貨供給量の増減でも、為替レートは動く。A国が金融を緩和して通貨供給量を増やし、それがA国とB国の通貨供給量のこれまでのバランスを上回れば、A国の通貨はB国の通貨に対して下落する。実際、アメリカがリーマンショック以後に量的緩和によってドルの供給量を増やした際には、円高（ドル安）が進んだ。このときに円は安全資産と誤解され、2011年10月31日には1ドル75・32円という史上最高値を付けた。それが反転して円安になったのは、日本もアベノミクスで量的緩和を始めたからだ。

しかし、為替レートを動かす最大の原因は、金利差でも通貨供給量でもなく、経済力（国力）である。

経済のファンダメンタルズで為替は動く

為替レートが変動する最大のメカニズムは、A国とB国の国力の差である。国力が充実して経済成長を続けている国の通貨は、国力を落として経済成長が低迷している国の通貨に対して、長期的に上昇する。

金利や通貨供給量の差は、一時的な為替レートの変動をもたらす。しかし、国力の差が開いていくと、為替レートの変動は金利や通貨供給量のメカニズムだけでは説明できなくなる。長期的に経済が衰退していく国の通貨は、経済が強い国の通貨に対して下落し続けることになる。

したがって、現在の円安（ドル高）は、日米両国の国力の差と考えたほうがいい。誰もが知るように、日本経済が世界最強だったのは、1980年代である。日本は「世界の工場」と言われ、「メイドイン・ジャパン」（日本製品）は世界を席巻した。円は強くなり、ドルに対して上昇を続けた。それを象徴するのが、1985年にG5国間（日・米・英・独・仏）で交わされた「プラザ合意」である。

このとき、アメリカは双子の赤字（貿易赤字、財政赤字）に悲鳴を上げ、それを調整するために、主に日本とドイツに通貨の切り上げを求めた。その結果、円高は一気に進み、プラザ合意前に1ドル200円台だった円は、翌1986年には100円台になった。そして、この状態がつい この間まで続いてきた。

変動相場制は、通貨の為替レートの変動により、各国の対外不均衡を是正する機能を持っている。「為替レートは各国の経済のファンダメンタルズを反映すべきである」というのが、変動相場制での大原則である。

この大原則が機能すれば、もはや円はドルに対して弱くなっていくだけだ。日本経済が復活をとげ、かつての競争力を取り戻さないかぎり、円高になることはない。

いまや日本のGDPはアメリカの5分の1

いまから8年前の2015年、私は円に関して2冊の本を書いた。1冊は『永久円安――頭のいい投資家の資産運用法』(ビジネス社)、もう1冊は『円安亡国――ドルで見る日本経済の真実』(文春新書)である。

どちらも、円安が日本経済に与える影響について書いたものだが、円安が定着した現在行われている議論は、この本のなかにほぼ書き込んである。すなわち、円安は日本経済全体にとっても、私たちの日常の暮らしにとっても、決定的にマイナスだということだ。

『円安亡国』の「第8章:円安貧乏とドルシフト」で私は、次のように書いた。

《円を持っているだけで、資産が目減りする。円安が進めば当然そういう時代がやって来るので、私たちは「円・アタマ」から「ドル・アタマ」に切り替えなければならない。

すでに「1ドル200円時代」が視野に入ってきている。短期的には1ドル150円という、

【図表8】主要国の実質GDPの推移（2000年〜2020年）

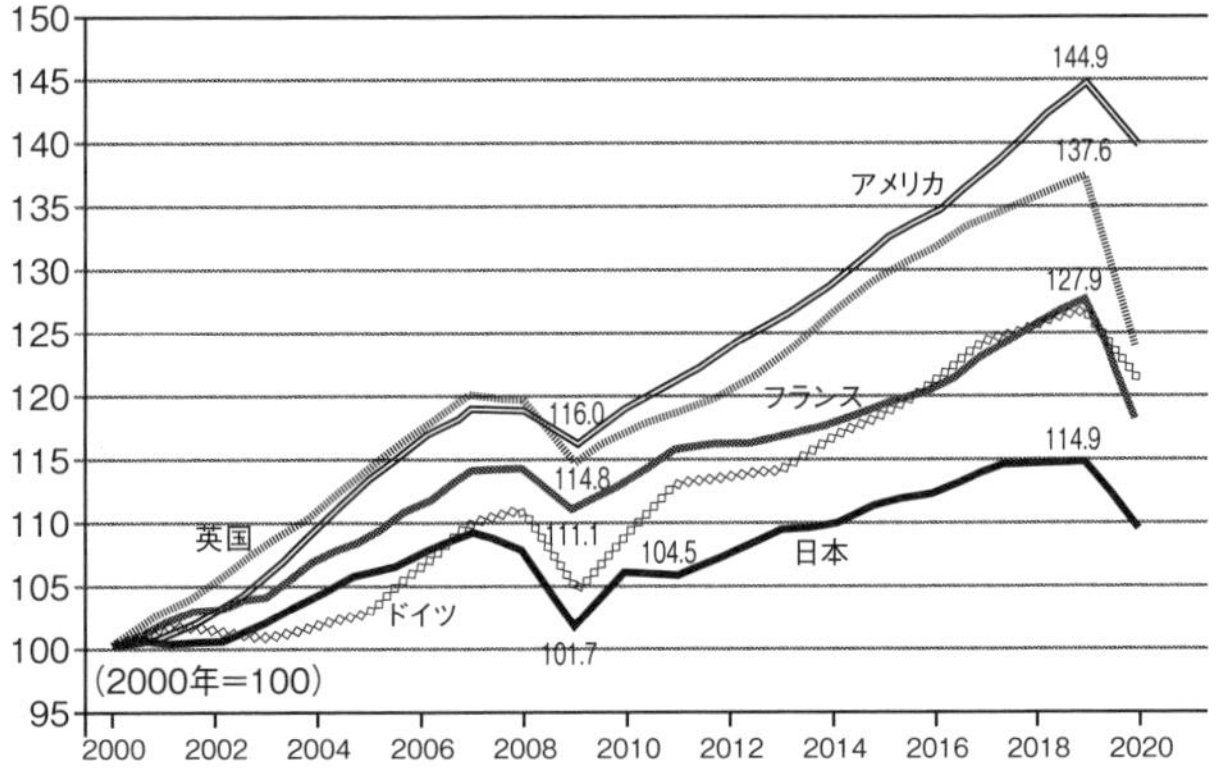

出典・参照:内閣府

これまで約30年間続いてきた「円安・円高」のレンジ内の上限で収まるという見方もできるが、長期的には150円は軽く突破してしまうだろう。

それがいつになるかは予測できないが、それほど先のことではない》

［図表8］は、主要国のGDP（実質）の推移グラフである。2000年を100として、各国のGDPが20年間でどのように推移したかを示している。

2020年はコロナ禍で各国とも成長が止まったことを考慮して現在の日米の状況を比較すると、アメリカはおよそ1・5倍になったのに対し、日本は1・1倍にもなっていない。となれば、円安になるのは当然だろう。

1980年代、アメリカのGDPは日本の約2

倍だった。その後の1990年代に日本はほぼ成長しなくなったので、2000年代に入るとアメリカのGDPは日本の約3倍になった、そして、いまや5倍近くになっている。

2030年、2050年と日本の順位は落ちるだけ

2020年から2年間、新型コロナのパンデミックという災禍に見舞われたとはいえ、世界各国の基本的な経済成長の未来図は変わっていない。

この先の世界各国のGDP予測を見れば、日本の凋落《ちょうらく》は見るも無残である。IMFの「世界経済見通し」(WEO)のデータベースなどから予想される2030年、2050年のGDPランキングは次のとおり。

［2030年　世界各国のGDPランキング］
1. アメリカ31兆ドル
2. 中国29・2兆ドル
3. 日本7・2兆ドル
4. ドイツ6・2兆ドル
5. インド6兆ドル

6. イギリス4・2兆ドル
7. フランス4兆ドル
8. カナダ3・4兆ドル
9. 韓国2・6兆ドル
10. インドネシア2・5兆ドル

［2050年　世界各国のGDPランキング］
1. 中国52・5兆ドル
2. アメリカ52兆ドル
3. インド20兆ドル
4. 日本10・5兆ドル
5. ドイツ9・8兆ドル
6. イギリス7・3兆ドル
7. フランス6・7兆ドル
8. カナダ5・7兆ドル
9. インドネシア5・2兆ドル

10．オーストラリア4・9兆ドル

この予測は、どう見ても日本に甘く、現在の成長率を見れば2030年に7・2兆ドルに達するのはほぼ不可能ではないだろうか。とすれば、ドイツ、インドに抜かれるのは間違いない。2050年においても、世界第4位を維持しているというのは本当に考えづらい。

なぜなら、2050年の日本の人口は1億人を割り込んで9515万人、65歳以上の高齢人口は3746万人（39・6％）、生産年齢人口4930万人は（51・8％）となっているからだ（国土交通省データ）。

近未来、ほぼ確実に経済が縮小する国の通貨を誰が欲しがるだろうか。一時的な投機は別として、円安は今後もずっと続くトレンドなのである。

「実質実効為替レート」で見れば大幅な円安

円安がどれほど、私たちの暮らしに影響するのかは、名目為替レートより、「実質実効為替レート」（REER）を見れば、実感としてわかる。

実質実効為替レートは、2国間の名目為替レートに物価変動や通貨購買力変化を加味し、貿易ウェイトで加重平均して導かれる。平たく言うと、その通貨の本当の価値であり、どれだけモノが買えるかである。

たとえば、名目為替レートが1ドル80円のとき、アメリカに行って現地で1ドルのペットボトルを買った場合、そのペットボトルの円での価値は80円である。しかし、名目為替レートが1ドル80円のときに、アメリカ国内でインフレが発生し、1ドルだったペットボトルが2ドルになった場合は、1ドル80円は変わらないので160円を払うことになる。つまり、ペットボトルの円での価値は160円になる。インフレでなければ、80円で買えたものが2倍の160円でしか買えない。つまり、これが円のドルに対する実質的な為替レートである。

この実質レートにほかの要素も加味して、実質実効為替レートは数値化される。

実質実効為替レートは、「自国の財・サービス価格のある外国の財・サービス価格に対する相対比」を示すものとされ、一般的に基準時点を100ポイントとして月次で計算される。実質実効為替レートは、各国とも中央銀行が公表している。

［図表9］は基準時点を2000年＝100ポイントとした円の対ドル実質実効為替レートである。

このグラフで、2000年から2023年までの動きを見ると、アメリカの物価が大幅に上がっているため、実質で見たドル円レートは、名目レートよりも大幅な円安になっている。

これが意味することは、ドル円のレートはさほど変わらないのに、日本の物価や賃金はアメ

【図表9】円の対ドル実質実効為替レート(1980年〜2023年)

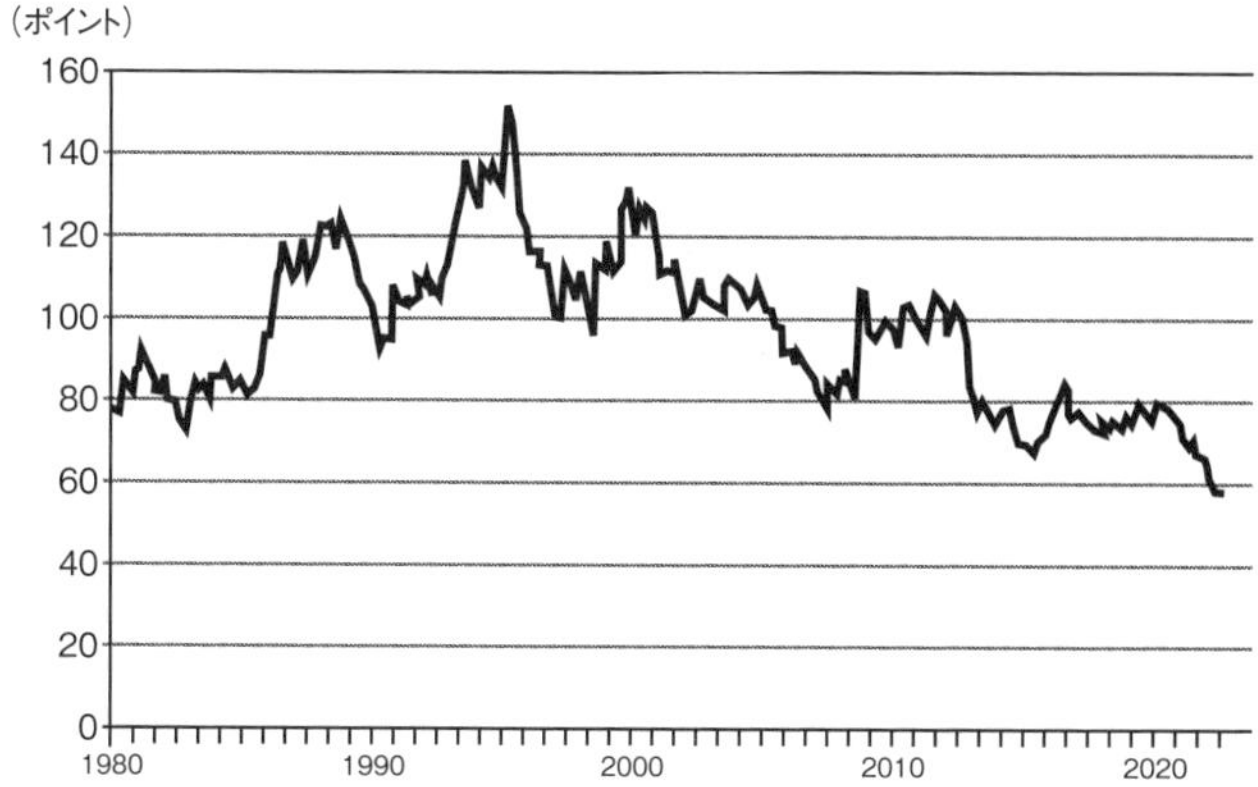

出典・参照:日本銀行

リカに比べて大幅に安くなったので、円の価値も大幅に下がったということだ。「安いニッポン」は、通貨でも同じなのだ。

さらに1980年までさかのぼってグラフを見ると、円の実質実効為替レートは1980年から1995年にかけて上昇したが、その後は一貫して下がってきたことがわかる。急激な円安が進み150円台を付けた2022年10月の実質実効為替レートは57・26ポイントである。これは、1980年をはるかに通り越して1960年代後半の水準だ。

日本経済はまさに時間を逆行していると言わざるをえない。

突如として行われた政府の覆面介入

2022年の春から秋にかけて、円安が毎日のように進んでいったとき、岸田文雄首相も、鈴木俊一《すずきしゅんいち》財務相も、そして木原誠二《きはらせいじ》官房副長官も、毎回同じことしか言わなかった。

「緊張感を持って注視している」

そのため、市場は、政府は円安を放置し続けるだろうと予測した。

ところが、円安が節目とされた150円を突破した後の10月21日の金曜日、政府は突如として「ドル売り円買い」の覆面介入を行った。この介入は週明けの24日にも行われた。覆面介入だったため、その規模は推測でしかないが、21日の介入は最大5・5兆円、24日は最大1兆円とされた。

この覆面介入の実態が明らかになったのは、2023年2月になって、財務省が資料を公開したからである。

その資料によると、市場の推測はほぼ当たっていて、10月21日は5兆6202億円、24日は7296億円のドル売り円買いが行われていた。

その原資は、外貨準備である。2022年9月末日の時点の日本の外貨準備高は、1兆2380億5600万ドル（当時のレート1ドル150円換算で185兆7000億円）。このうちの約6兆3500億円が、主にアメリカ国債（財務省証券）を換金して投じられた。

ブレーキとアクセルを同時に踏んでいる

では、この介入でドル円はどうなっただろうか？

2022年10月21日と24日の動きを確認すると、10月21日には一時7円以上円高となり、24日には一時4円以上円高になった。しかし、介入の効果は一時的で、相場はすぐに反発して円安に戻ってしまっている。

ところが、その後、11月11月にドルが大きく下落し、それを皮切りにドル円相場は円高に振れるようになった。これは、アメリカのインフレの減速と、長期金利の利上げの鈍化によるものであるのは明白。介入とは関連していなかった。

はっきり言って、日本政府の介入は、支離滅裂の〝愚策〟だったと言うほかない。基本的に経済のファンダメンタルズで円安になっているのに、それを一瞬だけ円高に持っていくことに意義があるだろうか。

貴重な外貨準備を使って円を買う。その一方で、量的緩和を続け、円をバラまいている。これは、ブレーキとアクセルを同時に踏んでいるのと同じだ。

鈴木俊一財務相は、24日、介入に対しては「ノーコメント」とし、「投機による過度な変動は断じて容認できないので、必要に応じて必要な対応を取る」と述べた。

これは、「金利の低い円で資金調達をして金利の高いドルで運用する」という円キャリー取引をしている海外勢、主にヘッジファンドを意識しての発言だ。しかし、彼らの資金が無尽蔵にあるわけではなく、また、取引は市場原理に基づいている。

むしろ、覆面介入をした日本政府のほうが、相場を動かそうとしたのだから、投機筋ではないだろうか。そもそも金利差を放置しているのは日本政府・日銀のほうなのだ。

「これほど有利な取引は人生で滅多にない」

円安が進んでいる最中の2022年6月、スイスのヘッジファンド「EDLキャピタル」CIOのエドゥアール・ドラングラード氏が、TBSテレビの「報道1930」のインタビューに答えた。なんと、彼はこの2カ月間で33億6000万円ほど儲けたと言うのだ。

「円安は170円まで行くかもしれません。そこで私は円売りを増やしました。これまで350億円分くらいの円をドルに換えてきましたが、いまは490億円分の円をドルに換えました。(中略)もし日米の金利差が4%か5%になれば、日本人もみな、円を売ってドルを買うでしょう。そうすればドルは上昇を続け、円は下落し続けます。ここまで有利な取引は人生でも滅多にありません」

日本政府は、このようなヘッジファンドを投機筋と呼び、円安は彼らのせいにしようとしてきた。しかし、彼らのほうが一枚上手である。

なぜなら、ヘッジファンド勢は、円安トレンドを利用して、こちらこそ投機という取引をしていたからだ。彼らは日銀の金融緩和は続かない。ゼロ金利を解除し、金利を上げざるをえないときが来る。そう予測して、日本国債の先物売りを仕掛けたのである。

実際、2022年中に何度か、国債先物市場で取引を一時中断するサーキットブレイカーが発動されたことがあった。また、現物価格と先物価格の裁定が成立しなかったこともあった。ヘッジファンドの予測は当たった。日銀は、12月20日、それまで0・25％程度としていた長期金利の上限を0・5％程度に引き上げた。

しかし、黒田総裁（当時）は、量的緩和をやめなかった。それは、当初の目的の「デフレを脱却して景気をよくする」などということではなく、金利上昇によって起こる国債利払い費の増加、そして日銀の債務超過、ひいては政府の財政破綻を防ぐためである。

「資産フライト」が復活、円売りが進む

円を売っているのは、海外の投機筋ばかりではない。海外の投機筋には、日本の金融筋からのマネーも流れているので、日本人自身も円を売っているのだ。もちろん、それとは別に、日本の個人投資家も、一般の人間も、円を売っている。外貨預金や海外株投資も、かたちを変え

た「円売り」である。

自国通貨を売るというのは、いわゆる「資本逃避」（キャピタルフライト）で、私はこれを「資産フライト」と名付け、12年前の2011年、そのものずばり『資産フライト――増税日本から脱出する方法』（文春新書）という本を書いた。

当時、ドル円は80円を割り込み、史上最高値を付けていた。このありえない円高に、富裕層や資産家はもとより、一般のサラリーマン、OLまでが、現金をカバンに詰めて香港などに持ち出し、「ドル転」して預金することがブームになった。香港のHSBCやスタンダードチャーター銀行などに口座をつくり、そこからファンドや不動産などに投資するか、あるいはそのままドル預金で持っていた。

彼らはなぜ、そんなことをしたのだろうか？

それは「これ以上円高にはならない」と確信したからだ。日本の国力から見て、こんな円高はおかしい。いずれ円安になるのだから、現時点でドルに換えておけば、為替変動で必ず儲かると考えたのだ。この考えは間違っていなかった。

もう一つ、日本の金融がガラパゴスで国内投資にまったく旨味がないこともあったが、それを説明すると長くなるので、ここでは省く。

いずれにせよ、こうしたかたちでの資産フライトは、その後、「国外財産調書」の提出の義務化、

ＯＥＣＤが策定したＣＲＳ（共通報告基準）による各国税務当局間の金融口座情報の開示によって、いったんは下火になった。

しかし、いままた復活した。

それは、今後も円安は続く。インフレも進む。それなのに円を持っていたら、資産は目減りする一方になると考える人間が多くなったからだ。

家計金融資産の1％でも動けば超円安に

アベノミクスが始まって間もなくのこと、「ウォール・ストリート・ジャーナル（ＷＳＪ）」紙（２０１３年2月21日付）は、次のような内容の記事を掲載した。


《日本には15兆ドルの個人金融資産があり、その6割が現預金として眠っている。そして、この銀行預金の大半は、国債に投資されている。しかし、今後、日本のインフレ率が上昇して、現預金の減価が明らかになると、これらの資産は海外資産に向かい出すだろう。

預金者がその5％をシフトするだけで、４０００億ドル以上もの資金が流出する。このインパクトは、主にオーストラリアのような高金利国や新興国に波及するだろう。

日本人は向こう何年にもわたって、為替相場を動かす可能性がある。ドイツ銀行は、外国為

替市場に「30年に1度」のシフトをもたらすと予測している》

この見方にならえば、今後、日本人による「円売り」はますます進むはずだ。いまから10年前の記事とはいえ、この見方はいまも十分に通用する。

日銀が発表した2022年7~9月期の「資金循環統計」によると、日本の家計が保有する金融資産残高は9月末時点で2005兆円である。もし、この1%でもドル買いに動くとどうなるだろうか?

その額は約20兆円である。円安はさらに大規模に進むだろう。これまでの日本政府の為替介入を見ると、1991年以降で、円安進行時に実施された円買い介入額の累計は約4兆9000億円。2022年10月の覆面介入の額は約6兆3500億円である。

それを考えると、20兆円は途方もない額だ。円安は止まらなくなるだろう。

第3章
間に合うのかトヨタ、致命的なEV乗り遅れ

EVに注力するも「全方位」でやっていく

２０２３年４月、トヨタ自動車は新体制を発足させ、新しく社長に就任した佐藤恒治《さとうこうじ》氏の下で、よりいっそうＢＥＶ（バッテリー電気自動車）に注力していくことになった。

しかし、２月に行われた記者会見などを見ると、トヨタの戦略は、まだ「全方位」である。ガソリン車を完全に捨てるところまでに至っていない。

佐藤新社長は、ＢＥＶについて、「従来とは異なるアプローチで開発を加速する」と宣言。具体的には次世代ＢＥＶを、２０２６年を目標に「レクサスブランド」で開発していくと言った。だが、その同じ口で「マルチパスウェイ」（全方位）が大原則であることも強調した。

経済の発展状況、エネルギー環境、顧客の要求は、トヨタが進出している国・地域によってさまざまだから、それに合わせて、ＢＥＶとともに、ＨＥＶ（ハイブリッド車）、ＰＨＥＶ（プラグインハイブリッド車）、ＦＣＶ（燃料電池車）など、多様なラインアップで事業を進めていくという。あくまでＢＥＶは、マルチパスの一つという考え方である。しかし、これを聞いて「大丈夫なのか」と思った人は多いだろう。私もその一人だ。

なぜなら、すでに、世界は「ＥＶ１本化」に向かって突き進んでいる。日本メーカーはその流れに乗り遅れているというのに、まだこんなことでいいのかと思うからだ。

日本の空はバンコクと同じ熱帯の空

日本では、なぜか「地球温暖化陰謀論」が盛んだ。地球は温暖化などしていない、温暖化説は仕組まれた陰謀であって信じると大変なことになるなど、諸説が入り乱れている。そのせいか、政府も「カーボンニュートラル」（温室効果ガスの実質排出ゼロ）に対して真剣度が足りない。

しかし、好むと好まざるにかかわらず、地球が温暖化していることは事実である。気候変動が激しくなっていることも事実である。

先日、知人のANAの国際線パイロットから、こんな話を聞いた。

「いまの日本の夏の空は、東南アジアの熱帯の空と同じです。ホーチミンやバンコクの空港に着陸するときと、羽田や成田に着陸するときは同じになりました。突然、積乱雲が発生するので、それを回避するのに苦労します」

パイロットにとって、積乱雲は大敵だと言う。それは、もし、そのなかに入ってしまうと、激しい揺れに見舞われ、場合によっては操縦不能になることもあるからだ。積乱雲は、その中心部に激しい上昇気流が、周囲には強い下降気流が発生しているので、近づくことは危険。そのため、パイロットは常に注意を払っているという。

「天気図や気象レーダーなどから、ある程度の予想は立てられます。しかし、熱帯の空は、突然変わるので、予想どおりにはいきません。積乱雲に遭遇したときは、その距離や高さをすぐに察知しなければならないので、これにはキャリアがものを言います」

日本の空はいまや熱帯の空。毎年の猛暑を思えば、もはやこの言葉を素直に受け入れざるをえないだろう。

トヨタはCO_2削減で自動車大手最下位

私たちは年に何回も、「記録的な」とか「観測史上初めて」という言葉を聞くようになった。もはや、この二語は聞き飽きた感がある。「台風の巨大化」「記録的短時間豪雨」「ゲリラ豪雨」「異常干ばつ」「猛暑」「熱波」「ヒートドーム」などが、繰り返し言われるようになり、私たちは実際にそれを体験するようにもなった。

国連のＩＰＣＣ（Intergovernmental Panel on Climate Change：気候変動に関する政府間パネル）の「第6次評価報告書」（２０２1年8月発表）によると、人類のCO_2の排出量は拡大を続けており、すでに地球の平均気温は、産業革命前と比べて１・１度上昇している。このままでは20年後に１・５度を越え、２１００年には3・2度上昇するのは確実という。

しかし、それが事実かどうかは、もはやどうでもいいことだ。なぜなら、地球温暖化問題は、いまや科学から離れ、経済問題になっているからだ。これに真剣に取り組まないと、国も企業も未来を失うことになりかねない。

いまや、CO_2削減の取り組み度によって、企業は評価されるようになった。消費者がモノを買う際にも、投資家が投資する際にも、CO_2削減の取り組み度が大きく影響するようになった。

残念ながらトヨタは、この取り組み度が足りていない。国際環境NGOのグリーンピースは、2022年9月に世界の自動車大手10社の気候変動対策ランキングを発表している。それによると、首位はGM（ゼネラルモターズ）、2位はメルセデスベンツ・グループ、3位はVW（フォルクスワーゲン）で、トヨタは最下位の10位である。トヨタばかりか日本の自動車メーカーはすべて下位で、日産が8位、ホンダが9位となっている。

グリーンピースはトヨタ最下位の理由を、2021年販売数のうち、EVなどのCO_2を排出しないZEV（ゼロエミッション車）がわずか0・18%だったと指摘した。また、気候変動関連の法律制定に反対するトヨタのロビー活動も評価に影響したとしていた。

日本政府の本気度のなさが大きく影響か？

すでに世界はガソリン車の新車販売を2035年までに全廃する方向で動いている。この法制化が、各国で進んでいる。

ＥＵ議会は、２０２３年２月14日、ガソリン車の新車販売を２０３５年までに事実上禁止する法案を採択した。この法案は、ＥＵ委員会が２０２１年７月に提案し、ＥＵ各国とＥＵ議会が基本合意していた。新車のCO_2排出量を２０３０年に２０２１年比で55％削減することも盛り込まれた。

日本政府も遅ればせながら、２０３５年までに新車販売をＥＶ１００％にする方針を発表している。しかし、これはあくまで「目安」である。宣言文である「２０５０年カーボンニュートラルに伴うグリーン成長戦略」には、次のように書かれているだけだ。

《遅くとも２０３０年代半ばまでに、乗用車新車販売で電動車１００％を実現できるよう包括的な措置を講じる》

トヨタの地球温暖化対策の遅れは、日本政府の本気度のなさが大きく影響しているとしか思えない。

しかし、トヨタは日本を代表する世界企業であり、日本企業が軒並み輝きを失うなか、ただ１社残った大エクセレントカンパニーである。

かつて日本企業の最盛期とされた１９８９年、世界の時価総額ランキングで、日本企業はトップ10に７社、トップ50に32社もランクインしていた。それがいまやトップ10にはゼロ、トップ50にやっとトヨタが39位（２０２２年６月時点）で入っているだけだ。

「フォーチュン・グローバル500」(FG500)の2022年版では、500位以内にランクインした日本企業は47社。1位の中国136社、2位のアメリカ124社の3分の1弱に過ぎなくなった。

もしトヨタまで輝きを失ったら、日本経済は本当に大きく傾く。それを思うと、トヨタが固執する全方位戦略が懸念されるのは仕方のないことだ。

新車販売の75%がEVとなったノルウェー

トヨタの話を具体的に述べる前に、EV化が世界一進んだノルウェーの話をしてみたい。ノルウェーの首都オスロでは、いまやガソリン車が完全に姿を消そうとしている。

街中にあるガソリンスタンドには必ず充電設備が併設され、ガソリンを入れるクルマより充電するクルマのほうがはるかに多い。もちろん、街角やショッピングモールなどの駐車場にも充電設備がある。日本車も見かけるが、ほんのわずか。いちばん多く見かけるのは、EVで世界の最先端を行くテスラ車だ。

現在、ノルウェーのEV化率はダントツの世界一で、90%に迫っている。新車販売においては、もはやEV以外は売れていない。2021年の新車販売台数に占めるEV(BEV)の比率は64・5%、PHVは21・7%で、合わせて86・2%。2022年はBEVが75%を超え、

PHVが11〜13％に減ったため、ノルウェーは完全な「BEV王国」になった。これはPHVを購入する際の税率が変更され、BEVの税率を上回ったからだ。

ノルウェーでは、2025年までに販売される新車のすべてを「CO_2排出ゼロ車」（ゼロエミッション・カー）にする目標を定め、それに向かってさまざまな取り組みがなされてきた。

そのなかで、EV普及にもっとも効果的だったのは、税制だ。

なんとノルウェー政府は、ガソリン車に課す取得税や付加価値税（VAT）を、EVにはゼロにしてしまった。その結果、相対的にガソリン車よりEVの値段が安くなり、販売台数が一気に伸びたというわけだ。

EV化と並行して進む「脱クルマ化」社会

オスロでは、こうしたEV化とともに、じつは、「脱クルマ化」も進んでいる。都市の中心部は歩行者優先とし、道路脇にある駐車スペースを撤廃、中心部に入るクルマの数も制限した。そうして、市民には公共交通機関の利用を促し、歩道と自転車レーンを増やした。

その結果、交通渋滞はなくなり、交通事故はかぎりなくゼロに近づいたのである。

クルマのEV化とともに進められている脱クルマ化。これが21世紀の都市のあり方、いわゆる「スマートシティ」として注目され、アメリカでも導入する動きが出ている。なかでもニューヨークでは、ゆくゆくはマンハッタンに入るクルマの数を減らし、歩行者優先の街づくりをする計画が立てられている。

ノルウェーでＥＶ化、脱クルマ化がここまで進んだのは、じつは、この国が世界有数の金持ち国家という、身も蓋《ふた》もない理由によるところが大きい。なにしろ、北海油田からは豊富な石油・天然ガスが採れる。しかも、水資源にも恵まれ、発電は99％水力でまかなえている。

これでは、環境対策にいくらでも資金を投入できる。ＥＶを無課税にできる財源も潤沢にある。１人あたりのＧＤＰも世界4位で約９万ドル。日本の２・25倍だから、ガソリン車に比べて高価なＥＶ車もなんなく買えるのだ。

ちなみに、北欧諸国のＥＶ化率は軒並み高い。ノルウェーはダントツだが、スウェーデン、アイスランドは50％を超え、フィンランドも30％に迫っている。

しかし、日本はたったの０・76％、アメリカは２・９％、中国は12・７％である。いかに、ノルウェーが進んでいるのかわかるだろう。

ＥＶ生産をプラットフォームから見直す

では、本題のトヨタの話に入る。

トヨタのＥＶ注力が、どうやら本気らしいと判明したのが、２０２２年10月のロイター配信記事『トヨタ、EV戦略見直し検討　クラウンなど開発一時停止』（10月24日）だった。

この記事は、その後、業界はもとより、あらゆる方面に大きな反響を巻き起こした。この日本版の記事の元記事は、『Toyota scrambling behind the scenes to reboot EV strategy』という記事だが、それによると、トヨタは2030年までにEV30車種をそろえるという従来計画の一部をいったん止め、今後の生産をプラットフォーム（車台）そのものから見直すとなっていた。

もう少し具体的に言うと、トヨタはテスラをベンチマークとして自社の生産プロセスを再評価し、「e-TNGA」（イー・ティーエヌジーエー）のさらなる改良、もしくは「e-TNGA」を捨てて新たなプラットフォームをゼロからつくる選択を迫られているというのだ。

「e-TNGA」の「TNGA」とは、「Toyota New Global Architecture」の略で、4代目「プリウス」から採用されたトヨタの最新プラットフォーム及び車両開発のコンセプトを指し、「e-TNGA」はそのEV仕様である。トヨタでは、モジュール構造を採用しており、その組み合わせをもって、EV開発の効率化を図るとしてきた。

ところが、いざ「TNGA」をEVに適用して製造を始めてみたところ、これではテスラや中国のEVには勝てないと判断したようだ、と記事は推察していた。

世界の新車販売は10台に1台がEVに

ロイター記事の衝撃に追い討ちをかけたのが、『トヨタとテスラ、「1台の格差」8倍に　初の純利益逆転』（2022年11月7日）という日本経済新聞の記事だ。

この記事によると、2022年7〜9月期決算で、トヨタの連結純利益は4342億円。これに対し、テスラは4542億円で、四半期ベースで初めてトヨタを逆転した。当該四半期におけるトヨタの販売台数は262・5万台。一方のテスラは34・4万台だから、トヨタの約8分の1に過ぎない。それでいて、純利益がほぼ同じということは、1台あたりの利益は約8倍ということになり、その差はあまりにも大きかった。

すでに、2021年の時点で、テスラは株価の時価総額でトヨタを超えていた。テスラの時価総額は2022年10月末時点で日本円にして約100兆円もあり、トヨタの約32兆円の3倍に達していた。

このような背景から、トヨタはついに本格的かつ根本的なEV化に舵《かじ》を切らざるをえなくなったのである。

これまでトヨタをはじめとする日本の自動車メーカーは、EV化はずっと先、EVはそう簡単には普及しないと見ていた。しかし、その考えは甘かったと言える。

米環境ニュースサイトの「Clean Technica」（クリーンテクニカ）によると、2022年の世界のPHVを含むEVの車両登録台数は、前年の約1・6倍を記録。ガソリン車やディーゼル

【図表10】世界のEV普及率（新車販売に占める比率）2022年

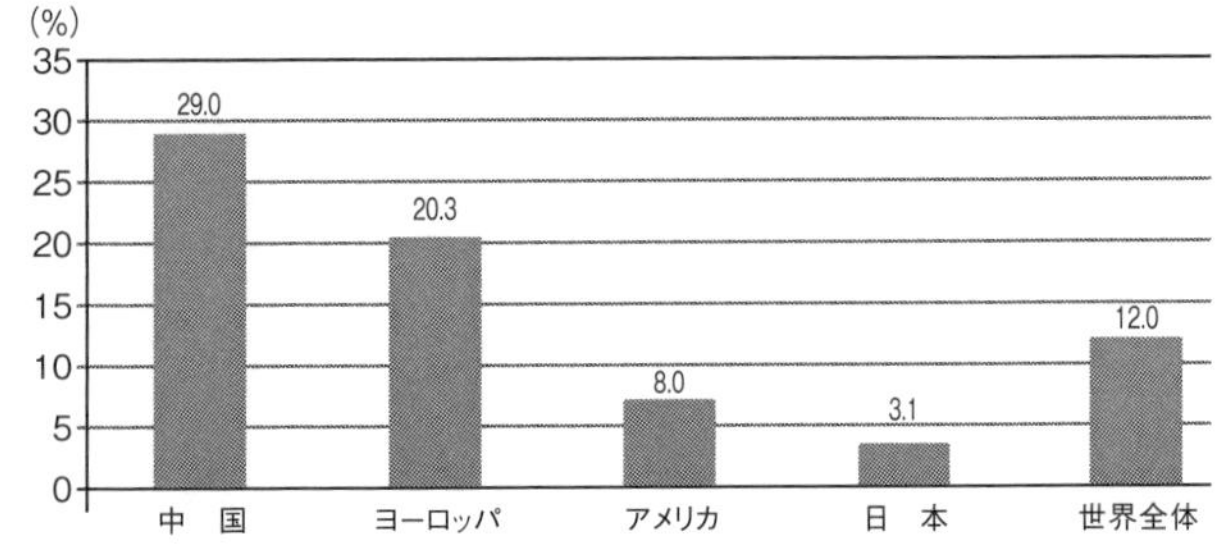

出典・参照:LMCオートモーティブ、EVボリュームズなどの調査を総合

車を含む総車両登録台数の15%を占めるまでになった。ＥＶだけでも12%と、ついに1割の壁を超えた。

つまり、世界のクルマは、すでに10台に1台がＥＶになっている。

英調査会社「ＬＭＣオートモーティブ」によると、２０２２年におけるＢＥＶの新車販売に占める比率は、欧州で11%、中国で19%。また、スウェーデンの調査会社「ＥＶボリュームズ」によれば、ＰＨＥＶを含めたＥＶの欧州でのシェアは20・3%になっている。

これらのデータをまとめて、世界のＥＶ普及率（新車販売に占める比率、ＰＨＥＶを含む）のグラフをつくると、［図表10］になる。

日本が、ダントツに低いのがわかる。ということは、日本のようなガラパゴス化された国にいると、世界のトレンドがわからないということになる。

ボストンコンサルティンググループは、２０２２年6月、世界の新車販売（大型商用車などは除く）に占めるＢＥＶの割合は２０３０年に39％に達するという予測を公表している。これは、従来の予測を1年で11ポイントも上回る上方修正だが、現在の普及率の急増から見ると、かなり低い。

「イノベーションのジレンマ」に陥った

トヨタのトップ豊田《とよだ》章男《あきお》氏（現・会長）のこれまでのインタビュー記事、トヨタの広報資料などを見てくると、２０２２年の秋までトヨタは、以下のように考えていたと思える。

サーキット場で撮影に応じる
トヨタ自動車の豊田章男社長
（2022年9月　写真提供：朝日新聞社）

《いくらＥＶを普及させたとしても、発電部門そのものが脱炭素化されないかぎり、サプライチェーン全体で見た脱炭素化は実現しない。発電部門を考慮せず、ＥＶの比率だけを高めても意味がない。ならば、トヨタはＰＨＶで圧倒的にリードしているのだから、その燃費を極限まで高めて、ＥＶとは違った進化で脱炭素を目指そう》

この考え方は、どこから見ても間違っていない。しかし、時代のトレンドを見誤っているように、私には思える。

「イノベーションのジレンマ」という大企業が新興企業の前に力を失う理由を説明した理論があるが、トヨタの考えは、まさにこのジレンマに陥ってしまったと言えるからだ。

デジタルカメラがフィルムカメラを駆逐《くちく》してしまったようなことは、常に起こる。

すでに、EV市場は「イノベーター理論」を適用できる一歩手前まで来ている。イノベーター理論は、スタンフォード大学の社会学者エベレット・M・ロジャース教授が提唱したものだが、今日までのデジタル社会の進展を見ると、ことごとく当たっている。

イノベーター理論では、新商品のシェアが「イノベーター」(革新者)と「アーリーアダプター」(初期採用者)を合わせて16%に達すると、普及率が爆発的に上昇するとされている。この視点でEVを見れば、16%まであと5ポイントほどということになる。

水素にこだわり続けると致命傷に

トヨタは、「PHVからFCVへのスムーズなシフト」を前提として長年戦略を建ててきた。FCVと、水素をガソリン代わりに燃焼させる水素エンジン車が将来の主流になると考えてきた。この考えに基づいて、２０１４年にＦＣＶの「ＭＩＲＡＩ」を発売している。

「ＭＩＲＡＩ」が発売されたのは２０１４年12月15日。この初代モデルは、２０２０年11月に販売終了するまでの6年間で、世界でたった1万１０００台しか売れなかった。

そのせいもあったのだろう、ＥＶに関しても、トヨタは「可能なかぎり既存のプラットフォームを活かしつつ、ＰＨＶと両立させながら開発しよう」としてきた。

しかし、いまやこの考えは通用しなくなった。水素ステーションがないことには、水素エンジン車は普及しない。充電ステーションはできても、水素ステーションはできなかった。

こうしていまや、ＦＣＶを量産しているのは、トヨタと「ＮＥＸＯ」の韓国の現代《ヒョンデ》自動車ぐらいになり、欧州、中国、アメリカの3大市場ではＦＣＶはゼロエミッション・カーとは見なされなくなってしまった。このままトヨタが水素にこだわり続けると、それが致命傷になりかねない。

このようなことから、危機感を深めたトヨタは２０２３年1月26日に、人事を一新して新体制に移行することを発表した。その目玉は、じつに14年間にわたりトップとしてトヨタの舵《かじ》取りをしてきた豊田章男社長が、佐藤恒治執行役員に後を託し、代表権のある会長に退くというものだった。

しかし、先に触れたように、新社長となった佐藤氏は、ＥＶ戦略を見直したものの、完全な

ＥＶシフトに踏み切れなかった。

トヨタはテスラを過小評価してしまった

それにしても、「イノベーションのジレンマ」とはよく言ったものである。イスラエル建国物語にあるように、ダビテは小石の一撃で巨人ゴリアテを倒しつつある。

そもそも自動車の総合メーカーであるトヨタとテスラでは、会社の規模も経営方針も違う。トヨタはガソリン車から、ＰＨＶ、ＦＣＶ、ＥＶと幅広い動力源の車種をそろえて、世界中で展開している。それに対して、テスラはＥＶ一本やりである。

また、トヨタは採算が低い小型車から利益率の高い高級車まで取り扱っているが、テスラは「モデルＹ」「モデル３」のみで９割強を占め、すべて高価格である。

さらに、テスラは車体を一体成型する「ギガプレス」と呼ぶ巨大なプレスマシンを製造工程に導入して簡素化を図っている。

ガソリン車製造のために、数多くの部品による複雑な生産工程を持つトヨタは、ひとたびＥＶ市場が立ち上がってしまえば、こうしたイノベーションに太刀打ちできなくなるだろう。

かつてトヨタはテスラと資本提携し、ＳＵＶ「ＲＡＶ４」ベースのＥＶを開発したことがある。２０１０年から２０１４年にかけてのことで、これにより、２０１４年にはＥＶを約２５００

台販売したが、その後生産を打ち切り、2016年末までにテスラ株をすべて手放した。この時点でEVをほぼ見切り、テスラを取るに足らないと見誤ってしまったのだ。

もはやテスラ、中国のBYDにかなわない

テスラCEOのイーロン・マスク氏は、当初からFCVに否定的だった。そのため、「fuel cells（燃料電池）はfool cells（バカ電池）だ」という発言を繰り返してきた。トヨタは、力を入れている水素エンジン車をバカにされたことが、許せなかったのだろうか？

ともかく、トヨタは、2016年末にテスラと完全に手を切った。

ところが、その後、テスラの販売台数は年を追うごとに伸び続け、2022年には131万台に達した。これは前年比40%増で、2023年は50%増で200万台以上になると予想されている。もし、このままテスラが毎年50%増を続ければ、2025年には350万台に達することになる。

この350万台という数字は、トヨタがEV戦略で掲げている2030年の目標販売台数である。テスラが2025年でやることを、トヨタは2030年でやると言っているのだ。

この差は大き過ぎる。

EVでテスラに次ぐメーカーとなった中国の「BYD」（比亜迪）の躍進もすごい。

ＢＹＤが２０２３年１月に公表した２０２２年の販売実績によると、「新エネルギー乗用車」の販売台数は前年（59万４０００台）の３倍を超える１８５万７０００台に急拡大した。その内訳はＥＶが同２・84倍の91万１０００台、ＰＨＶが同３・47倍の94万６０００台に上った。

ＥＶの91万台はテスラに次ぐもので、このまま成長すると、巨大な中国市場があるだけに、テスラを抜く可能性が高い。

ＥＶ販売世界トップ10に中国メーカー５社

もうそういう人間は化石化したが、かつては、日本の技術者は中国と言うと小馬鹿にしていた。だから、中国のＥＶに関しては、日本の自動車メーカーは完全に過小評価していた。なめていたと言っても過言ではない。

しかし、かつてバカにしていたＢＹＤの技術力は高く、日本経済新聞（２０２２年11月７日付）の記事によると、ＢＹＤのＥＶ関連特許は中国ばかりか世界中で出願・認可されており、他の自動車メーカーから注目されているという。しかも、ＢＹＤの特許をもっとも引用しているのはトヨタで１０３件。テスラの特許引用１４６件に迫る規模だというから驚く。

ＢＹＤは、２０２３年半ばに欧州主要国で新型ＥＶを発売することを発表し、２０２２年10月17日、世界５大モーターショーの一つで〝パリサロン〟と呼ばれる「モンディアル・ド・ロトモビル」で新型ＥＶ３車種を公開した。これを見に行った、私の知人の日本メーカーの担当者は、「うーん、これは侮れないよ」と、思わず本音をもらした。

すでに、ＢＹＤは世界14カ国で販売されて、１００万台近くを売り上げている。昨年、ノルウェーに投入されたＳＵＶ「唐ＥＶ」の現地での評判は上々だ。

英「ＬＭＣオートモーティブ」、英「マークラインズ」、独「センターオブモーティブ・マネジメント」などの市場調査データを総合すると、２０２２年のＥＶ販売トップ10に、なんと、中国メーカーは５社もランクインしている。いくら中国が巨大市場とはいえ、日本メーカーが日産以外ランクインしていないのは、本当に情けない。

ちなみに、英「マークラインズ」のみのデータでは、ホンダがシェア０・４％で26位、トヨタが０・３％で27位となっている。

次が、各調査会社のデータを基にした、ＥＶ販売トップ10である。

１位：米　テスラ、２位：中国　ＢＹＤ、３位：中国　上海汽車集団、４位：独　ＶＷ（フォルクスワーゲン・グループ）、５位：中国　浙江吉利控股集団、６位：韓国　現代自動車、７位：仏日　ルノー・日産・三菱アライアンス、８位：欧州　ステランティス、９位：中国　奇瑞汽車、10位：中国　広州汽車集団。

２０２５年市場急拡大に間に合うのか

トヨタが、「これはまずい」とＥＶの開発に本気になったのは、おそらく２０２０年ごろと推測される。しかし、そのやり方は可能なかぎり既存のプラットフォームを活かし、なおかつＰＨＶと並存させるというものだった。

しかし、やってみてようやく「目が覚めた」のか、プラットフォームをゼロベースからつくることになった。

その結果、２０２１年12月に発表した「２０３０年に30車種のＥＶを展開」計画を見直すことになり、２０２３年１月の社長交代発表以前から、「２０３０年までにＥＶ３５０万台販売」という目標を掲げた。

２０２１年の計画では、ＦＣＶと合わせての２００万台だったが、２０２３年の新目標ではＥＶ単独で３５０万台である。これは、かなり高いハードルだが、前記したようにテスラに比べたらトヨタは３周は遅れている。２０２２年のトヨタのＥＶ販売数は、わずか約２万５０００台に過ぎない。

トヨタに、問題は山積だ。とりあえずは、新型ＢＥＶ「ｂＺ４Ｘ」の量産に集中し、販売数を拡大させるのが目標だが、現在のトヨタのＥＶ販売数ランキングは世界27位である。これは、韓国の現代自動車の10位にも、はるかに及ばない。この差を「bZ4X」で詰められるかどうかは、まったくわからない。

さらに、新しい専用プラットフォームをつくるとともに、最新技術によりモジュール生産をするとなると、最低でも3年はかかるという。これでは、イノベーター理論による市場規模が急拡大すると推測される2025年には、とうてい間に合いそうもない。

トヨタにはソフトをつくれる人材がいない

豊富な資金と高度な技術を持ったトヨタだから、EVの遅れを取り戻すことは可能だという見方がある。しかし、後発者がほぼゼロから、すでに市場をつくってしまった先発者を捉えることは、これまでほとんど例がない。

しかも、EVはクルマとはいえ、電子機器である。つまり、ソフトウェアが開発の鍵を握っている。

トヨタを長年取材してきた知人記者は、この点を指摘する。

「トヨタは4年おきのモデルチェンジというサイクルでクルマをつくってきました。このサイクルはEVには適しません。ソフトは常に開発・更新し続けていかねばなりません。しかも、トヨタにはソフトをつくれる人材はほとんどいません。これまでソフトはすべて外注でやってきたからです」

ＥＶは、ハード面から見ると、ガソリンエンジンという内燃機関を搭載したクルマよりはるかに簡単にできる。いまやどんな機械でも、ハードはコモディティ化されているからだ。しかし、ソフトとなるとそうはいかない。

トヨタは日本の大企業の例にもれず、広大な裾野に下請け企業を多数抱えている。つまり、下請けへの外注で成り立っている。ソフトの場合は、デンソーやパナソニックなどの車載器メーカーにソフト込みで車体開発を発注してきた。これがＥＶ開発ではネックになる。

トヨタが失速する近未来を想像すると、胸が痛くなる。そのとき日本は、「ものづくり大国」の看板を下さなければならないだろう。

第4章

国家はなぜ衰退する？　行動経済学の罠

「損出回避」でずっと行動してきた日本

なぜ日本経済が衰退を続けているのか?

それを考えると、行動経済学に行き着く。行動経済学によれば、人は必ずしも合理的な判断をしない。人の経済行動を決めているのは、「損得勘定」より「損出回避」である。これをこの「失われた30年」でずっと続けてきたのが、日本人であり、日本企業であり、すなわち日本国ではないだろうか。

行動経済学では、これまでにさまざまな法則や理論が提唱されてきたが、そのなかで、もっとも「なるほど」と納得できるのが、「損失回避の法則」だ。これは、1979年に公表された「プロスペクト理論」(prospect theory) のなかで、ダニエル・カーネマン (現・プリストン大学名誉教授) らが提唱した行動経済学の基本的理論である。

この理論を説明するためによく引き合いに出されるのが、次のようなゲームだ。

《100万円を払ってコインを投げ、表が出たら150万円差し上げます。しかし、裏が出たら100万円は没収です。このゲームを10回やりますが、参加なさいますか?》

こう言われた場合、多くの人間はまずこう答える。
「手持ち資金に余裕があればやってみたい。でもそんな余裕はないので止めときます」
しかし、この答えは完全に間違っている。なぜなのだろうか？

期待値を考えれば必ず勝つことはすぐわかる

このゲームは、手持ち資金とはまったく関係なく、絶対に勝てるゲームだからだ。投資がなにかわかっている人間なら、間違いなく借金をしてでもこのゲームをやるだろう。その答えは、確率論に基づく。

確率論で言うと、コインを投げたとき表が出るか裏が出るかの確率は2分の1である。そして、表が出れば１５０万円もらえるから、１００万円払って50万円儲かる。ただし裏が出れば１００万円失う。ここで問題になるのは、「期待値」である。

勝った場合はトータルで２５０万円が戻ってくるので、それを2分の1で割れば１２５万円となる。つまり、期待値は１２５％、１００％を大きく超えている。１００万円を払えば平均１２５万円のリターンが得られるのだから、10回もやればよほどの「揺らぎ」がないかぎり、確実に儲かる。

単純に「揺らぎ」がないとして、10回のうち5回が表、5回が裏としてみよう。この場合、得られるのは750万円で失うのは500万円。つまり、250万円儲かることになる。

もしこれがギャンブルなら、100%を超える期待値などありえないので、誰でも賭ける。投資においても元本割れなどザラだから、期待値が100%を超えているなら、誰でも絶対に投資する。

しかし、このことを一瞬でわかる人間はほとんどいない。

損をするという恐怖心が判断を狂わす

日本人、日本企業、そして日本国は、バブル崩壊以降、ほとんど国内投資をしなくなった。個人は貯蓄に励み、企業は内部留保を溜め込み、国は借金による公共投資（バラマキ）というケインズ政策で経済を支え続けることに専念してきた。なにもかも、これ以上失いたくないという「損出恐怖症」にかかり、極力リスクを取らないという道を選んできた。

人には恐怖心がある。合理的に考えれば儲かるとわかっていても、恐怖心が判断を狂わす。これが、「損失回避の法則」で、日本は30年以上、これでやってきたから、経済成長できなかった。イノベーションは起こらず、株価は上がらず、給料も上がらず、デフレがずっと続いてきた。高度成長で得た富を守りに守って、〝ジリ貧〟になったのである。

経済成長が止まったのは、人口ボーナスがなくなり、社会が高齢化して活力が失われたことが最大の原因である。しかし、その背景には、「もうこれ以上なにかを失いたくない」という国民の不安心理があったのではないか。

とくに、高齢者はこの気持ちが強かった。

こうした見方に納得がいかない方は、2002年にノーベル経済学賞を受賞したダニエル・カーネマンの『ダニエル・カーネマン 心理と経済を語る』（楽工社、2011）という本を読むことをお薦めする。

現状認識も治療法も間違えている専門家

昨年、「安いニッポン」が話題になるなか、著名なエコノミスト永濱利廣《ながはまとしひろ》氏（第一生命研究所首席エコノミスト）が書いた『日本病——なぜ給料と物価は安いままなのか』（講談社現代新書、2022）という本がメディアでよく取り上げられた。その本のなかで永濱氏は、「日本病」（＝長期低迷）を治すには、「流動性の罠」を解消すればいいと提唱している。

彼が言う「流動性の罠」とは、ケインズ経済学を引き合いに、英国の経済学者のジョン・ヒックスが発案したもので、それを元財務長官のラリー・サマーズなどが言い出したため、一時期、日本でもかなり流布した。

景気刺激策として金融緩和をしても、金利が著しく低下している条件の下では、景気刺激策は無効になる。金融緩和は効かないというのだ。たしかに、アベノミクスの異次元緩和が効かなかったのは、この理屈で説明がつく。

ただし、永濱氏が提唱している解消策は、「財政出動＋減税」なので、首を傾げてしまう。「もっと財政出動をしろ」「減税しろ」という声は、ことあるごとに巷《ちまた》から聞こえてくる。「ヤフコメ」などの書き込みにもあふれている。

しかし、減税はコスト削減になるのでいいとしても、財政出動はバラマキであって、その財源は国債だから、経済が活性化するわけがない。

そんな政策をいくらしても、日本病は治らない。なぜなら、日本が陥っているのは流動性の罠はもちろんだが、バラマキをやり過ぎて企業がそれに甘えてしまい、世界で稼ぐ力を失ったという、あまりに当たり前の現実があるからだ。

日本の衰退は、日本企業の衰退であり、時代に乗り遅れて競争力を失ったのが原因だ。

もっと言えば、日本は資本主義自由経済を捨て、社会主義統制経済をやるようになって、成長しなくなったのである。それに生産年齢人口の減少、高齢化が拍車をかけた。

経済の専門家と言っても、現状認識が間違っていると思える人たちは多い。わかりやすく経済の解説をしても、実際に経済を現場で動かしている経営者や投資家にとって、そんなものは役立たない。

彼らは「流動性の罠」などとはけっして言わない。「財政出動＋減税」（バラマキ、コスト削減）で経済が復活する、また儲けられるなどとは思っていない。ともかく売れるモノをつくる、新しい価値を創造する。そういうことが、経済をよくしていくと思っている。金融をいくらいじくっても、実体経済はよくならない。

繁栄と貧困を分けるのは政治経済の制度

バブル崩壊後の30年あまり、日本の政治は、日本が抱える最大の問題「少子高齢化による人口減少」を放置し続けてきた。冷戦が終わり、世界がグローバル化し、さらにＩＴによるデジタルエコノミーが進展したというのに、それに適応しようとせず、「昨日と同じ明日」を続け、ガラパゴス化を加速させてしまった。

政府がやったことは、バラマキによる企業と国民の救済だけ。その結果、日本経済は社会主義としか思えない統制経済、縁故経済になってしまった。

それにしても、なぜ、日本はなす術《すべ》もなく衰退を続けるのだろうか？

『国家はなぜ衰退するのか――権力・繁栄・貧困の起源（上下）』（ダロン・アセモグル、ジェイムズ・Ａ・ロビンソン著、鬼澤忍訳、ハヤカワ・ノンフィクション文庫、２０１６）は、この地球上に豊かな国と貧しい国の両方が存在するのはなぜか？　不平等の原因はなにか？　を解き明かした名著だ。

彼らの研究によると、その原因の説明として（1）気候、地理、病気などが経済的成功を左右するという「地理説」、（2）宗教、倫理、価値観などを国の繁栄と結びつけるという「文化説」、（3）貧しい国が貧しいのは統治者が国を裕福にする方法を知らないからだとする「無知説」などがある。

しかし、彼らはこれらをいずれも否定し、繁栄と貧困を分けるのは政治と経済における「システム」の違いだと指摘・結論した。

民主制による自由経済が繁栄をもたらす

彼らは国家のシステムを大別して二つとした。

一つは、権力が社会に広く配分され、大多数の人々が経済活動に参加できる「包括的制度」。民主制による資本主義自由経済がこれに当たると言える。

もう一つは、限られたエリートに権力と富が集中する「収奪的制度」。こちらは、独裁制、貴族制、共産党一党支配体制などの下での統制経済と言えるだろう。

前者の下では、法の支配が確立し、人々の所有権・財産権が保護され、技術革新が起こりやすい。しかし、後者の下では、これと反対のことが起こる。「経済的な成長や繁栄は包括的な経済制度および政治制度と結びついていて、収奪的制度は概して停滞と貧困につながる」と、彼らは述べている。つまり、近代においては、民主体制で資本主義自由経済が機能しなくなると、国家は衰退し、貧しくなっていくのだ。

この本の考察を日本に適応してみると、第二次大戦後の日本は一気に民主化され、その下で資本主義自由経済が機能する国家となった。このことが、その後の画期的な経済成長の原動力となったと言える。

ところがバブル崩壊後の日本は、不良債権の処理のために国家の借金がかさみ、それとともに政治・経済システムはどんどん「収奪的制度」のほうに移行してしまった。日本の資本主義から自由さが失われ、縁故による統制経済、社会主義経済となってしまった。

アベノミクスのことを「新自由主義」などと、いまだに言っている〝お花畑〟エコノミストがいるが、安倍政権が実行したのは異次元の金融緩和による金融市場の抑圧であり、その結果、日本は中国よりひどい統制経済になってしまった。

いまや日本には、完全な民間企業はないも同然だ。名だたる日本企業は、日銀に株を買われたために、「国営企業」と化している。国債は際限なく発行され、それを日銀が引き受ける「財政ファイナンス」が公然と行われている。こんなことは、フツーの資本主義国では起こりえない。独裁政権のような国でないと起こらない。なぜなら、法の支配を完全に無視しているからだ。

いまの日本は、国家が単にカネを刷って、それで政府を運用し、さらに国民に配っているだけの国だ。かつての民主党政権、その後の自民党政権、そしていまの岸田政権と、やっていることはみな同じである。独裁国家の末期によくある「バラマキ政治」が続いている。かつてのアルゼンチン、最近のベネズエラと同じだ。これでは、経済衰退が加速するわけである。

2075年、日本は世界のトップ10にも入らない

ここで改めて、世界における日本の経済力の位置を見ておきたい。次は、2022年の世界のGDPランキング（IMF）のトップ10（図表11）である。

いくら腐ったとはいえ、日本は依然として世界第3位の座を維持している。しかし、それも、2023年いっぱいという見方がある。それは、第4位のドイツに抜かれる可能性が出てきたからだ。

IMFの予測では、2023年から2027年までは日本が第3位を保てることになっている。しかし、ドル円が130円台後半から140円台で推移した場合、ドイツのGDPは2023年中にも日本を上回るというのである。

日本のGDPは高度経済成長期の1968年に西ドイツを抜き、アメリカに次ぐ世界第2位となった。しかし、2010年に、台頭する中国に抜かれて第3位に転落した。

【図表11】世界のGDPランキング(2022年)

順位	国名	単位(百万US$)
1位	アメリカ合衆国	25,346,805
2位	中国	19,911,593
3位	日本	4,912,147
4位	ドイツ	4,256,540
5位	インド	3,534,743
6位	イギリス	3,376,003
7位	フランス	2,936,702
8位	カナダ	2,221,218
9位	イタリア	2,058,330
10位	ブラジル	1,833,274

出典:IMF

【図表12】2075年までのGDPランキング

順位	1980	2000	2022	2050	2075
1	アメリカ	アメリカ	アメリカ	中国	中国
2	日本	日本	中国	アメリカ	インド
3	ドイツ	ドイツ	日本	インド	アメリカ
4	フランス	英国	ドイツ	インドネシア	インドネシア
5	英国	フランス	インド	ドイツ	ナイジェリア
6	イタリア	中国	英国	日本	パキスタン
7	中国	イタリア	フランス	英国	エジプト
8	カナダ	カナダ	カナダ	ブラジル	ブラジル
9	アルゼンチン	メキシコ	ロシア	フランス	ドイツ
10	スペイン	ブラジル	イタリア	ロシア	英国
11	メキシコ	スペイン	ブラジル	メキシコ	メキシコ
12	オランダ	韓国	韓国	エジプト	日本
13	インド	インド	オーストラリア	サウジアラビア	ロシア
14	サウジアラビア	オランダ	メキシコ	カナダ	フィリピン
15	オーストラリア	オーストラリア	スペイン	ナイジェリア	フランス

出典:ゴールドマン・サックスグローバル投資調査部「2075年への道筋」

とはいえ、国力の源泉ともいえる人口は、中国は日本の約11倍もあるので、GDPの総額で抜かれたとしても仕方ないと言える。

しかし、ドイツの人口は約8000万人で日本より約4000万人も少ないのだ。いかに、日本が稼ぐ力を失ったのかがわかる。

2022年12月に公表されたゴールドマン・サックスの未来予測リポート「2075年への道筋」(The Path to 2075 — Slower Global Growth, But Convergence Remains Intact)では、いまから約半世紀後の世界各国のGDPが示されている。

それによると、2075年のGDP世界第1位は中国(約57兆ドル)で、第2位はインド(約52・5兆ドル)、第3位はアメリカ(51・5兆ドル)となっている。

インドは2030年までに日本を抜き、2075年までにアメリカを抜いて世界第2位の経済大国になる。その一方で、日本は現在の第3位から、2030年に第4位、2040年に第5位、2050年に第6位と〝ジリ貧〟を続け、その後、急低下して2075年に第12位まで後退する(前頁の[図表12]を参照)。

この間、日本のGDP成長率は0・0%として試算されているが、はたしてそうなるだろうか?

2075年、日本の上には、インドネシア、ナイジェリア、パキスタン、エジプト、ブラジル、メキシコなど、現在新興国と言われる国々が並んでいる。日本のGDPは約7・5兆ドルで、その経済規模は中国、インド、アメリカの7分の1程度になり、経済大国とは言えない状況に陥る。

「日本が強い国」は単なる希望的観測

前述したように、かつて私は、『資産フライト』（文春新書）という本を書いていた。それは、2011年、東日本大震災が起こった年の秋だった。国内では「復興」が絶え間なく唱えられ、多くの被災者が生活に困窮しているなか、一部の人々は日本に見切りをつけ、〝金融ガラパゴス〟の日本から資産を海外に移していた。

当時ドル円は、1ドル80円のラインを割り込み、10月末には史上最高値の75円32銭を付けた。いまとなれば夢のような話だが、あのときの円はたしかに強かった。しかし、日本の実体経済と財政はボロボロだったから、円高は為替相場特有の見せかけに過ぎなかった。そのため、こんなことは国力から見て続かないと判断した人々が資産フライトに走ったのである。

それでも、国内では絶え間なく「日本は強い国です」「日本の力は団結力です」というようなスローガンの下に、復興が唱えられていた。残念ながら、「日本は強い国」は幻想だと私は思った。そうでなければ、あのときに『資産フライト』のような、愛国心のかけらもないと思われる本を私は書かなかっただろう。逆に言えば、私は愛国心が強いから、あの本を書いたのである。

「日本は強い国」というのは、太平洋戦争中の「神国ニッポン」と同じで、単なるスローガンであり、現実ではなかった。英語で言う「Wishful Thinking」（希望的観測）に過ぎなかった。

その後のアベノミクスは、このことを際立たせることになった。

いったん先進国になった国は転落しない

東日本大震災からさかのぼること10年、私は、２００２年に『日本がアルゼンチンタンゴを踊る日――最後の社会主義国家はいつ崩壊するのか？』（ベンジャミン・フルフォード著、光文社ペーパーバックス）という本を編集・出版し、世に問うた。

「不良債権はなぜ処理できないのか？」「構造改革はなぜ進まないのか？」を追及し、日本の未来がアルゼンチンのような状態になるのは確実だとする警告本だった。

２００２年4月20日、アルゼンチンはデフォルトした。「バンク・ホリデー」（預金封鎖）が実施され、外貨（ドル）預金は強制的にペソに換えられた。その惨状を目の当たりにして、構造改革はかけ声だけ、株価は下げ止まらず、失業者が街にあふれていた日本を、「すでにアルゼンチン状態」だと、ベンジャミン・フルフォードは指摘した。

民主革命、産業革命が起こり、近代資本主義が成立してからこのかた、先進国として繁栄してきた国が衰退を続け、ついには破綻した例はない。近代資本主義は、先行者に圧倒的に有利なシステムであって、一足先に近代化を達成した国は、その後も豊かな社会を持続している。

しかし、その例外に日本はなろうとしている。アルゼンチンも例外の一つと言えるが、この国の繁栄は主に農業によってもたれされたのだから、日本とは違う。

しかし、いったん先進国になった国が、その地位を失うという意味では変わりない。

歴史のアナロジーならポルトガル

歴史には不思議なアナロジーがある。『資産フライト』でも考察したが、日本はアルゼンチンになるというより、ポルトガルになってしまうというのが、私の見立てだ。

ポルトガルは、16世紀にはスペインと並んで世界を二分した大帝国だった。キリスト教も鉄砲も、欧州文明はみなポルトガルが日本にもたらした。

しかし、その後のポルトガルは、オランダ、イギリスのように資本主義が芽生えず、自由社会が形成されなかったため、18世紀になると明らかに衰退に向かった。そこに襲ってきたのが、1755年のリスボン大震災と大津波だった。

リスボン大震災のマグニチュードは8・7とされ、津波による死者1万人を含む、5万50

00人から6万2000人が死亡したとされている。この地震と津波で、当時のリスボン市内の建物の約9割は破壊され、民家から宮殿までがことごとく失われた。まさに、東日本大震災に見舞われた日本と同じである。

震災後、まだポルトガルには底力があったので、リスボンの街は復興した。王は新しい都市計画を立て、それに基づいて街づくりが行われた。しかし、新しい街はできたが、1度失われた産業は戻らなかった。

こうして、ポルトガルはその後250年間にわたり、〝失われた歳月〟を重ねてきたのである。

震災後まったく変わってしまった国民性

近代以降のポルトガルは、数々の変遷を重ねてきたが、本当の意味での民主制が成立したのは、1974年の「ポルトガル革命」で第二共和制となってからである。それまでは、ナポレオンに征服されたり、王政は倒れたが独裁政治が続いたりと、前述した「収奪的制度」から脱出することができなかった。

しかも、海外領土のほとんどを失い、EUに加盟したとはいえ、恒常的な経済不振、財政難でEU内でも劣等生扱いである。

ポルトガル人は、リスボン大震災の後遺症で、国民の意識、すなわち国民性がガラリと変わってしまったと言われている。世界帝国だったころのポルトガル人は、富にはどん欲で、それが大航海時代を実現させる原動力になった。当時の航海は命がけだったから、荒々しい気性がポルトガル人の特徴とされていた。

しかし、いまのポルトガル人は、陽気だが、おっとりしていて、時間やお金に対してルーズだ。おしなべて仕事熱心ではなく、会社はよく休む。毎日の暮らしを楽しめばいいという人々がほとんどだと、リスボン在住の私の知人は言う。

このポルトガル人に、現代の日本の若者たちの姿が重なる。総じていまの若者たちは、一部の有為ある者をのぞいておっとりしている。「草食系」と言われるように、すべてに淡白で、すぐ諦めるきらいがある。

「弁当男子」(毎日、節約のために自分でお弁当をつくって会社に持参する男性社員)を見ればわかるが、彼らはほぼ「小さな幸せ」(スモールハッピネス)を追い求めるだけで、おカネに対するどん欲さがない。

愛国心を押さえ込んであえて言うが、やる気がある若者は、みなこの国を出たほうがいいと、私は思う。このままでは、国家と無理心中するだけで、将来が暗過ぎる。

第5章

なぜアベノミクスを失敗と言わないのか?

「20円で1万円札ができるんです」

「子どもたちの世代にツケを回すなという批判がずっと安倍政権にあったが、その批判は正しくないんです。なぜかというと、コロナ対策においては、政府・日本銀行連合軍でやっていますが、政府が発行する国債は、日銀がほぼ全部買い取ってくれています」

「みなさん、どうやって日銀は政府が出す巨大な国債を買うと思いますか？　どこかのお金を借りて来ると思ってますか？　それは違います。紙とインクでお札を刷るんです。20円で1万円札ができるんです」

この発言に会場は大いに沸《わ》いたという。これは、2021年7月10日に、安倍晋三元首相が新潟県三条《さんじょう》市内で行った時局講演での発言である。当時、コロナ対策により国家予算は膨張し、政府は新規に112兆円もの国債を発行していた。そのことに触れ、安倍元首相は、「心配するようなことではない」と強調したのである。

安倍元首相は、首相を引退した後も、ことあるごとにアベノミクスの成果を自画自賛してきた。そうして、国債の話になると、きまってこういう話を繰り返した。

この三条市での講演は、ユーチューブで拡散されたので、私も見たが、耳を疑うとはこのことだった。なぜなら、これは国家のトップが自ら「財政ファイナンス」をやっていることを公言したことになるからだ。

安倍元首相はマユツバの経済理論の信者

この後、安倍元首相はこう続けた。

「日銀というのは政府の、言ってみれば子会社の関係にある。連結決算上、じつは政府の債務にもならないんです。だから、孫や子の代にツケを回すな、これは正しくありません」

これは真っ赤なウソである。国債による国家の借金のツケは、必ず孫や子の代に及ぶ。そうして、国民の自由を奪う。安倍元首相がこのとき言ったことでウソでないのは、「20円で1万円札ができるんです」だけだ。

安倍晋三元首相（内閣広報室公表の肖像）

しかし、これは単に製造コストの話であり、そういう低コストでいくらでも1万円札が刷れると言ってしまえば、1万円札の価値はなくなってしまう。

安倍元首相の発言を振り返ると、やはり、この人は「MMT」（Modern Monetary Theory：現代貨幣理論）という、マユツバの経済理論を信じていたのだと思う。

戦前の日本には神国思想があり、「神国日本は戦争に負けない」と多くの人々が信じ込まされたが、MMTはこれと同じである。

インフレが起きないかぎりという制約があるにせよ、「自国通貨を発行できる政府はいくらでも国債を発行して財政赤字を拡大できる」というのだから、経済理論を超えた信仰である。この〝MMT信仰〟の下に、アベノミクスの「第一の矢」は放たれ、就任したばかりの黒田東彦・日銀総裁の〝バズーカ砲〟（異次元金融緩和）が炸裂した。

なぜ「財政ファイナンス」はいけないのか？

「財政ファイナンス」という経済の専門用語はない。

しかし、政府が発行する国債を中央銀行が紙幣を刷って引き受ける。それによって、政府の財政赤字を補填することを、こう表現することは誰もが理解している。国債の「貨幣化：マネタイゼーション」（monetization）とも表現される。

いずれにせよ、中央銀行が国債と引き換えに直接政府におカネを渡すことは許されない。そんなことをすれば、政府はいくらでも野放図に予算を使い、その結果、財政赤字は拡大し続け、通貨の信認は失われてしまう。つまり、最終的に円は紙くずとなり、ハイパーインフレが起こって国民生活は破綻《はたん》する。

これまで、財政ファイナンスによってハイパーインフレが起こり、国民生活が破綻した例は多い。第一次世界大戦後のドイツ、1980年代のブラジル、2000年代のアルゼンチンなどがその典型だ。

日本でも、第二次世界大戦後に、戦時に膨張した政府債務によるハイパーインフレが起こっている。これで、戦時国債と円は紙くずとなり、「預金封鎖」と「新円切替」が行われた。

この苦い教訓とGHQの指令により、「財政は税収の範囲で行う」という原則（＝均衡財政主義）の下に、財政法がつくられた。

1947年に制定された財政法は、「国の歳出は、公債又は借入金以外の歳入を以《もっ》て、その財源としなければならない」（第4条）として国債の発行を制限するとともに、「すべて、公債の発行については、日本銀行にこれを引き受けさせ、又、借入金の借入については、日本銀行からこれを借り入れてはならない」（第5条）として、日銀による国債の直接引き受けを禁じたのである。

しかし、第5条に「但し、特別の事由がある場合において、国会の議決を経た金額の範囲内では、この限りでない」という一文を加えたため、これを根拠に1965年に赤字国債が初めて発行された。このときは、これ1回かぎりとされたが、以後、歯止めが利かなくなった。しかも、国債償還は現金償還を原則とし、借換償還を禁じていたにもかかわらず、1983年以降は借換債を発行して償還を先送りしてきた。借金の先送り＝自転車操業である。

GDP比260%超え、日銀保有比率50%超え

いまさら、政府の財政ファイナンスを糾弾《きゅうだん》してみても意味がない。なぜなら、国債発行残高は積み上がり続けて、ついに1000兆円を超えてしまい、これを返すことなどできるわけがないからだ。

2023年2月10日、財務省は税収で返済する必要のある普通国債（建設国債、赤字国債、借換債など）の発行残高が2022年12月末に1005兆7772億円になったと発表した。これに、貸し付けの回収金で返済する財投債や借入金、政府短期証券などを合計した、いわゆる「国の借金」は1256兆9992億円。対GDP比で260%を超え、世界最悪の水準にある。

次の［図表13］と［図表14］を見れば一目瞭然だが、これほど財政状況が悪い国は、世界に類を見ない。

財政ファイナンスについて批判すると、「日銀は政府から直接買っていない」と反論する人がいる。しかし、たとえば日銀が行っている毎営業日の10年物国債の無制限買い入れは、いっ

【図表13】日本の普通国債残高の推移

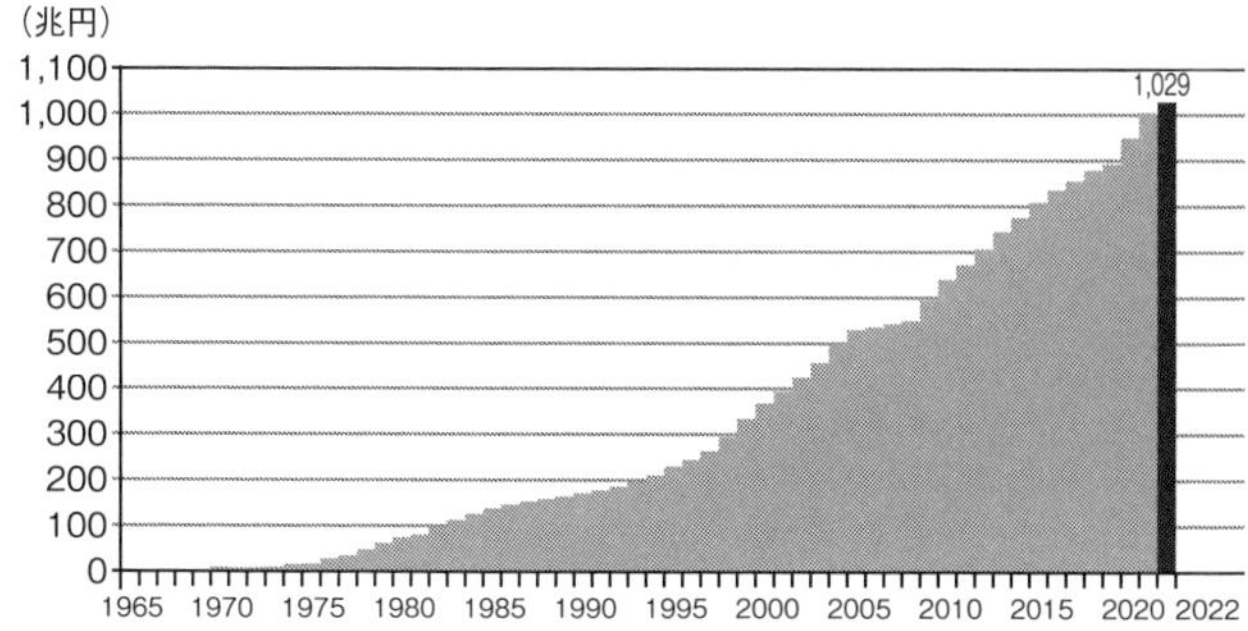

出典:財務省

【図表14】主な国の債務残高(対GDP比)

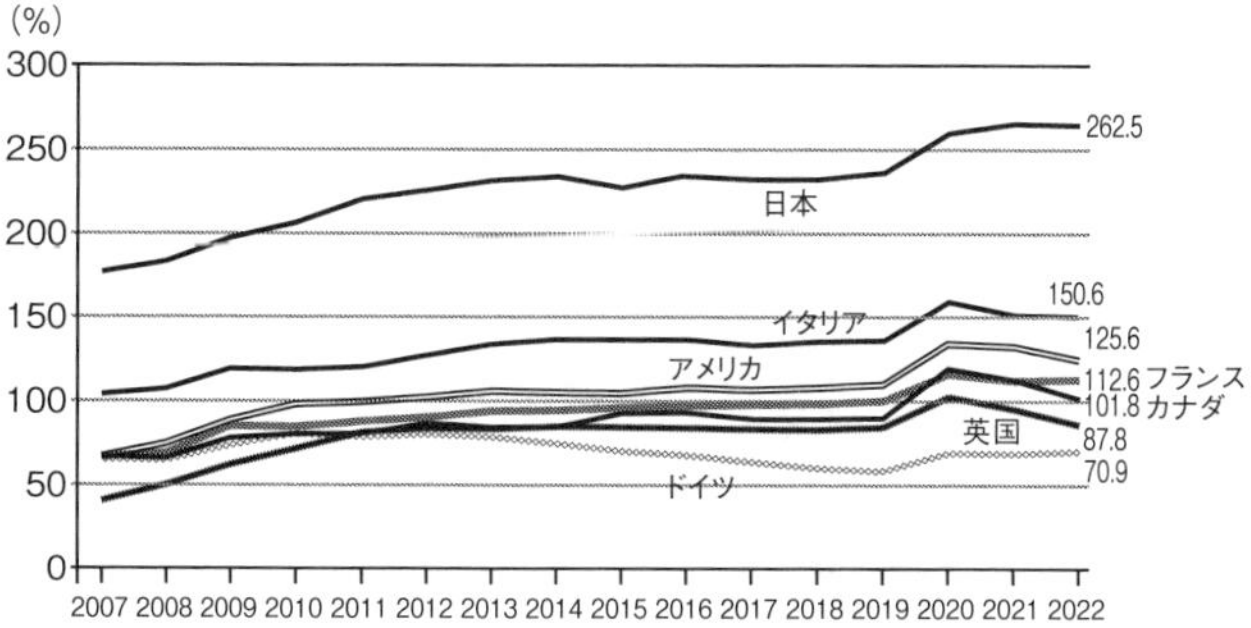

出典:IMF「World Economic Outlook」(2022年4月)

注1:数値は一般政府(中央政府、地方政府、社会保障基金を合わせたもの)ベース。

注2:日本、米国及びイタリアは2021年及び2022年が推計値。それ以外の国は、2022年が推計値。

たん市場を通したかたちを取っているに過ぎない。これを「公開市場操作」（オペレーション）と呼んで、一般人にはわけがわからないようにしているだけだ。

しかも、民間金融機関は日銀に国債を売って得たカネを、「日銀当座預金」に積むことで0・1％の不利を得ている。これは、〝金融詐欺〟と言ってもかまわない。

さらに、異次元緩和などと称しているが、おカネは日銀当座預金に〝ブタ積み〟されているだけで、市中にほとんど出ていかない。

もちろん、そんなことは日銀も政府も百も承知の〝確信犯〟だから、黒田元日銀総裁も麻生《あそう》太郎《たろう》元財務大臣も、財政ファイナンスだけは頑なに認めなかった。

黒田元日銀総裁は、2020年4月に、それまで80兆円とした国債購入上限枠を撤廃した際も、「（国債の購入増は）金融政策上の目的で行っているもので、財政ファイナンスではない」と言い張った。もし、認めてしまえば、円の信用は落ち、国債金利は高騰する。

財政ファイナンスは、どこの国でも禁止されている。中央銀行が国債を保有することは各国で行われているが、日本のように、中央銀行が国債発行残高の5割以上を保有している例は、先進国には見られない。コロナ対策の財政出動で、FRBの財務省証券（アメリカ国債）の保有比率は23％まで上がったが、2022年からはテーパリング（量的緩和策の縮小）によって減少に転じている。

しかし、日銀は、2022年9月時点（12月発表）で、保有国債の比率が50・26％となり、初めて5割を超えたことを発表した。

「評価する」という人が5割以上

2022年7月8日、旧統一教会（現・世界平和統一家庭連合）への怨念《おんねん》のターゲットとされて銃弾に倒れるまで、安倍元首相が行ったアベノミクスは、大方、評価されてきた。自民党支持層、保守層でこれを批判する人間はほとんどいなかった。

アベノミクスの評価は、安倍元首相の就任中はとくに高く、どの世論調査でも国民の多くが支持していた。

たとえば、首相通算在任日数が憲政史上最長8年8カ月となった後、日本経済新聞が行った世論調査（2019年11月25日付紙面）では、第2次安倍政権の仕事ぶりについて「評価する」と答えた人が55％、「評価しない」と答えた人が34％となっていた。

なんと、5割以上の日本人が、安倍元首相のそれまでの仕事を評価に値すると思っていたのだ。この「評価する」は、内閣支持層では86％にも上っていた。

しかし、安倍元首相が首相だった間に、日本経済の低迷は深刻化した。これは、あらゆる経済指標に現れている。

にもかかわらず、安倍元首相とアベノミクスの評価が高いのは、イメージの問題だろう。ヒトは、現実より印象に左右される。

多くの日本人、とくに若者は政治に無関心なので、安倍内閣をイメージで捉えてきた。その意味で、世論調査というのは、あまりあてにならない。細かい質問設定がなければ、単なる「印象」を聞いているだけだからだ。

「3本の矢」のうち1本しか飛ばなかった

それでは、ここからはアベノミクスを振り返りたい。

すでに私は、このＭｄＮ新書の『コロナショック』（２０２０年）で、２章にわたってアベノミクスを総括している。したがって、ここから述べることは、一部その繰り返しになる。

まず、アベノミクスと言うからには、安倍元首相自身が立案したと思いがちだが、立案者はもちろん安倍元首相本人ではない。

もともと安倍元首相は経済にはそれほど興味はなく、乏しい知識しか持ち合わせていなかった。それで頼ったのが、当時、内閣参与だった財務官僚の本田《ほんだ》悦朗《えつろう》氏だった。

民主党政権でもそうだったが、当時の日本経済のテーマは一貫して「デフレ脱却」だった。そのため、いろいろな意見があったが、本田氏の提言はもっとも大胆なものだった。単純に言うと、もっとおカネを刷ってバラまけということである。

しかし、おカネを刷ってバラまく（＝金融緩和）だけでは、経済政策とは言えない。それもあって、これに成長戦略を付け足して「3本の矢」ができあがった。

もう忘れてしまった人もいるかもしれないが、アベノミクスの「3本の矢」とは、次の3本だ。

1．大胆な金融政策
2．機動的な財政政策
3．民間投資を喚起する成長戦略

こう並べると、もっともしなければいけないのは第3の矢になる。

第1の矢も第2の矢も、おカネを刷ってバラまくことだから、それだけでは、経済は活性化しない。なにか新しい価値が生まれなければ、経済は活性化しない。これは小学生でもわかる。よって、第3の矢の成長戦略がもっとも大事であって、安倍元首相が成長戦略の「一丁目一番地」としたのは、大胆な規制緩和だった。

彼は、2014年のダボス会議で「これから2年間で、ドリルですべての岩盤規制を砕《くだ》く」と世界に向けて表明した。

しかし、実際に行われたのは、1．の大胆な金融政策という「異次元緩和」だけだった。2．も3．

も、ほとんどおざなりだった。つまり、3本の矢のうち1本しか飛ばなかった。しかも、その1本の矢は、いまになって強烈な副作用をもたらし、日本経済を出口なき隘路《あいろ》に追い込んでいる。

アベノミクスが日本をデジタル後進国にした

もともと、日本の経済環境は、張り巡らされた規制でがんじがらめになっていた。資本主義の基盤たる自由市場が狭く、「官民癒着」と「縁故」で経済は回ってきた。したがって、これを打ち砕けば、経済は活性化したはずである。

アナログからデジタルに経済が移行していくなかで、規制緩和はもっとも重要な取り組みだった。

しかし、実現したのは、加計《かけ》学園が国家戦略特区になった愛媛県今治《いまばり》市に獣医学部をつくったぐらいである。これも理事長兼総長が元首相の盟友だから、規制緩和というより縁故資本主義だろう。

「3本の矢」の2本目と3本目が飛ばなかったため、日本はデジタルエコノミーに大きく遅れてしまった。

このことは、安倍政権時から顕在化した貿易赤字の中身を見ればはっきりする。

財務省が発表した2022年の国際収支（速報値）によると、2022年のサービス収支は5・

6兆円の赤字で、その大部分が、「通信・コンピュータ・情報サービス」などの「デジタル関連」で生じている。内訳は、「通信・コンピュータ・情報サービス」が1・6兆円、「専門・経営コンサルティングサービス」が1・7兆円、「著作権等使用料」が1・5兆円で、計4・7兆円。これは、サービス収支全体の赤字5・6兆円の84％にも達している。

デジタルに関して、日本は大幅な輸入超過で、完全な「デジタル後進国」と言うほかない。

貿易収支の推移をさかのぼると、「通信・コンピュータ・情報サービス」の赤字は、2013年から急激に拡大している。安倍政権のスタート時とピタリと重なる。まさに、アベノミクスが、日本をデジタル後進国にしたと言っていい。

安倍政権が機動的な財政政策としておカネをつぎ込んだのは、「国土強靭化《きょうじん》」を謳ったインフラ整備だった。これは、かつての「土建屋政治」と変わらない。安倍政権はデジタルにほとんど投資しなかったため、日本のデジタルエコノミーは、中国にすら大きく負けてしまった。

消費税増税が日本経済の足を引っ張った

安倍政権の時代、不思議なことに、政府もメディアも「戦後最長の景気拡大局面」が続いていると言い続けてきた。結果的に「最長」はならなかったが、それでも安倍政権の時代は、いまも景気はよかった、とされている。

しかし、誰が実感として景気がいいと感じただろうか？　むしろ、2度にわたる消費税増税で、消費は落ち込み、景気は悪化した。2014年4月に5％だった消費税は8％に引き上げられ、さらに2019年10月に10％になった。

これが景気回復の足を引っ張ったのは言うまでもない。

安倍元首相は、「3党合意」に基づき、2回の増税を「社会保障費に充てる」などの名目で実施した。ただし、2回目は当初2015年4月が予定されていたが、前回の8％増税時に駆け込み需要の反動で消費が落ち込んだことを理由に延期された。さらに、2016年6月には新興国経済の落ち込みによる世界経済のリスクを理由に、2019年10月に再延期された。

この間、財務省は一貫して延期に反対してきた。

財務省は省益のためなら政権も倒す

2023年2月に発売された『安倍晋三回顧録』（中央公論新社）は、読売新聞特別編集委員の橋本五郎《はしもとごろう》氏らが18回にわたって行ったインタビューを中心に構成されたものだが、そのなかで、安倍元首相は、財務省が延期に反対したことを明かしている。

そうして、「安倍政権批判を展開し、私を引きずり下ろそうと画策した。彼らは省益のためなら政権を倒すことも辞さない」と指摘し、増税先送りの判断は、必ず選挙とセットだった。

「そうでなければ、倒されていたかもしれない」と述べている。

安倍元首相の財務省に対する不信感は根深く、「自分たちの意向に従わない政権を平気で倒しに来る」「私は密かに疑っているのですが、私の足を掬《すく》うための財務省の策略の可能性がゼロではない」とまで述べている。

たしかに財務省は増税意識が強い。また、緊縮財政を志向している。しかし、政権与党が野放図な国債発行による借金を続けているのだから、そうせざるをえないだろう。

いまも財務省陰謀論は根強くある。「国家財政が破綻する」というのは、財務省が増税のために流しているウソというのだ。しかし、そんなことを信じても現実は進んでいく。財務省をすべての悪役にしてみたところで、日本経済の問題はなにも解決しない。

スローガンだけで中身は空っぽ

それにしても、安倍政権ほど、さまざまのスローガン（キャッチフレーズ）を掲げて、〝やっている感〟を醸し出した政権はなかった。

「日本を、取り戻す」「美しい国、日本」「戦後レジームからの脱却」「この道しかない」から始まって、ことあるごとにスローガンが打ち出された。

「岩盤規制にドリル」「3年間抱っこし放題」「成長と分配の好循環」「働き方改革」「1億総活

躍社会」「GDP600兆円」「人生100年時代」「女性が輝く社会」「地方創生」「待機児童ゼロ」——と挙げていけばきりがない。

しかし、このなかで本格的に実現したものがあるだろうか？　とくに「女性が輝く社会」にいたっては、絶望的なくらい改善されなかった。

もう誰もが知っているように、日本は、「世界経済フォーラム」が公表する男女の格差を測る「ジェンダーギャップ指数」（2022年）で、世界146カ国中116位である。女性が差別されている点において、完全な途上国、いやまったくの後進国である。

この低順位の大きな原因は、女性の平均所得が男性より低いこと、管理職の女性比率が低いことなどにある。男女が同じ働きをして、ここまで格差が大きい国は、世界にほとんどない。

安倍元首相は「女性が輝く社会をつくる」と明言したにもかかわらず、やったことは保育園を増やしたぐらいであり、女性の労働報酬のアップにはいっさい手をつけなかった。

そのため、女性の未婚率は上がり続け、仕事がないために故郷を捨てる女性が増え、地方は空前の男あまり社会になった。

〝悪夢〟の民主党政権と比べてみると？

安倍元首相は、アベノミクスの〝成果〟を強調するとき、よく「〝悪夢〟の民主党政権と比べてください」と言って、次の3点を挙げた。

1．実質ＧＤＰの増加
安倍政権（２０１８年）――５３４兆円
民主党政権（２０１２年）――４９９兆円

2．就業者数の増加
安倍政権（２０１８年）――６６５５万人
民主党政権（２０１２年）――６２７１万人

3．失業率の改善
安倍政権（２０１８年）――２・４％
民主党政権（２０１２年）――４・３％

1．の実質ＧＤＰ増加は、たしかにそのとおりである。ただ、これは円ベースだけの話で、基軸通貨であるドルで見ると様相は一変する。ドルベースではＧＤＰは減少している。

安倍政権（２０１８年）――５兆４０８億ドル
民主党政権（２０１２年）――６兆２７２３億ドル

2.の就業者数の増加も、数値だけを見るとたしかにそうだが、その中身はとても自慢できるものではない。2018年の衆議院選挙で、安倍元首相はこう言った。

「この6年間で、私たちの経済政策によって雇用は380万人増えました。増えたということはまさに、年金の支え手が増えたんです」

しかし、これは巧妙なレトリックで、増えた380万人中の約7割にあたる266万人は65歳以上の高齢者だった。つまり、65歳でリタイアできず、その後も働けなければ暮らしていけない人々が増えたのである。さらに、15~24歳の就業者も90万人増えているが、その内訳は高校生・大学生など74万人。つまり、アルバイトである。

3.の失業率の改善に関しても、同じ見方ができる。

少子化で若者人口が減れば、就職口に見合う若者が減る。すると、自動的に有効求人倍率は上がる。実際、新規大卒・高卒者内定率は民主党政権時から上昇が続いていて、有効求人倍率も2010年から右肩上がりを続けている。

こうなれば、失業率も下がるのは当たり前で、新しい雇用ができたわけではない。

よく「数字はウソをつく」と言われるが、この3点はまさにその典型だ。すでに第1章で述べたが、この3点よりもはるかに大事なのは、アベノミクスの8年あまりで、日本人の実質賃金が目減りを続けたことだ。アベノミクスは、私たちを貧しくさせたのである。

「地球儀俯瞰外交」で世界中にバラマキ

ウクライナ戦争でロシアのプーチン大統領の「正体」がわかったから言うわけではないが、安倍元首相は、彼と本気で「オトモダチ」になろうとした。なんと、27回もプーチンと首脳会談を行い、「ウラジミール」を連発した。しかし、なんの成果も得られなかった。

それでも、前記した回顧録では、「２０１８年が合意に向けたチャンスだった」と振り返っている。

「プーチンは『明日から外相間で交渉を始めてもいいくらいだ』と言い、横にいたラブロフの方を向きながら、『彼は何もやることがないから、ウイスキーばかり飲んでいる。飲むならウオッカだろう』と言って笑っていました。この時が安倍政権の中で、日露が最も近づいた時だったと思います」

プーチン大統領と同じく、トランプ元大統領には徹底的に媚《こ》びた。「シンゾー」「ドナルド」とファーストネームで呼びあえたのがよっぽど嬉しかったらしく、「友人関係」を強調した。しかし、「オトモダチ」にはなったが、それは「ゴルフ友達」である。

安倍元首相は、自身の外交を「地球儀俯瞰《ふかん》外交」と名付け、地球を何十周もしたことを周囲に誇った。しかし、その外交は、どこから見てもバラマキで、ネットでは「安倍海外バラマキリスト」なるものが出回った。

2018年1月、参院本会議の代表質問で、「バラマキ外交」に関して、社民党の福島瑞穂《ふくしまみずほ》議員が追及した。外務省からの報告によると、これまでの海外支援額を機械的に計算すると合計で約54兆円になるとし、「なぜ、海外に大判振る舞いなのか?」と詰め寄った。

これに対して安倍元首相の答えは、「極めて誤解を招く数字だ」「本来の額は2兆8500億円」というものだった。しかし、この数字がどこから出てきたのか、いまもよくわからない。政府からの詳しい根拠説明もなかった。

2022年9月27日、安倍元首相の葬儀は賛否が分かれたとはいえ「国葬」で行われたのに、列席した海外要人は少なかった。「オトモダチ」のはずのトランプ元大統領は姿を見せず、アメリカからはカマラ・ハリス副大統領が来日しただけ。主要国の首脳級で出席したのは、インドのモディ首相、オーストラリアのアルバニージー首相、EUのミシェル大統領ぐらいだった。

安倍元首相は、就任当初、「(アベノミクスの恩恵を)全国津々浦々にあまねく届ける」と豪語した。しかし、届けたのは日本国内ではなく海外だった。

第6章　若者を食い物にして生き残る大学

少子化で「生き残り」が大学の最大の課題

日本の経済衰退の要因を考えるとき、日本の教育がいまの時代にマッチしていない、現代に必要とされる人材を育てられないことが挙げられる。その結果、若者たち、ひいては日本人全体を貧困化させていることに思いいたる。

日本経済を再び成長させ、日本社会を豊かにする。そのためには、それができる人材が必要だ。しかし、初等教育から高等教育まで、日本の教育は、あらゆる面で崩壊しつつある。

とくに、日本の大学は、いまや崩壊寸前である。少子化の影響もあるが、教育内容が時代にまったく合っていない。そのうえ、経営を成り立たせるために、若者たちを「奨学金」という名でごまかした「学生ローン」で借金漬けにしている。この章では、この学生ローンを中心に、いまの大学と学生が抱えた問題点を浮き彫りにしてみたい。

そこでまず、大学がどんな状況に置かれているのかを述べてみたい。

大学関係者に会って話してみると、聞こえてくるのはほとんど経営の問題である。つまり、ずばりおカネの問題で、その根本原因は少子化により大学進学人口が減っていることである。

大学の主な収入源は、受験料（入学検定料）と授業料、そして寄付金である。それが、少子化によって減っていけば、大学経営は成り立たない。そのため、「生き残るにはどうしたらい

【図表15】18歳人口の推移(2020年〜2032年)

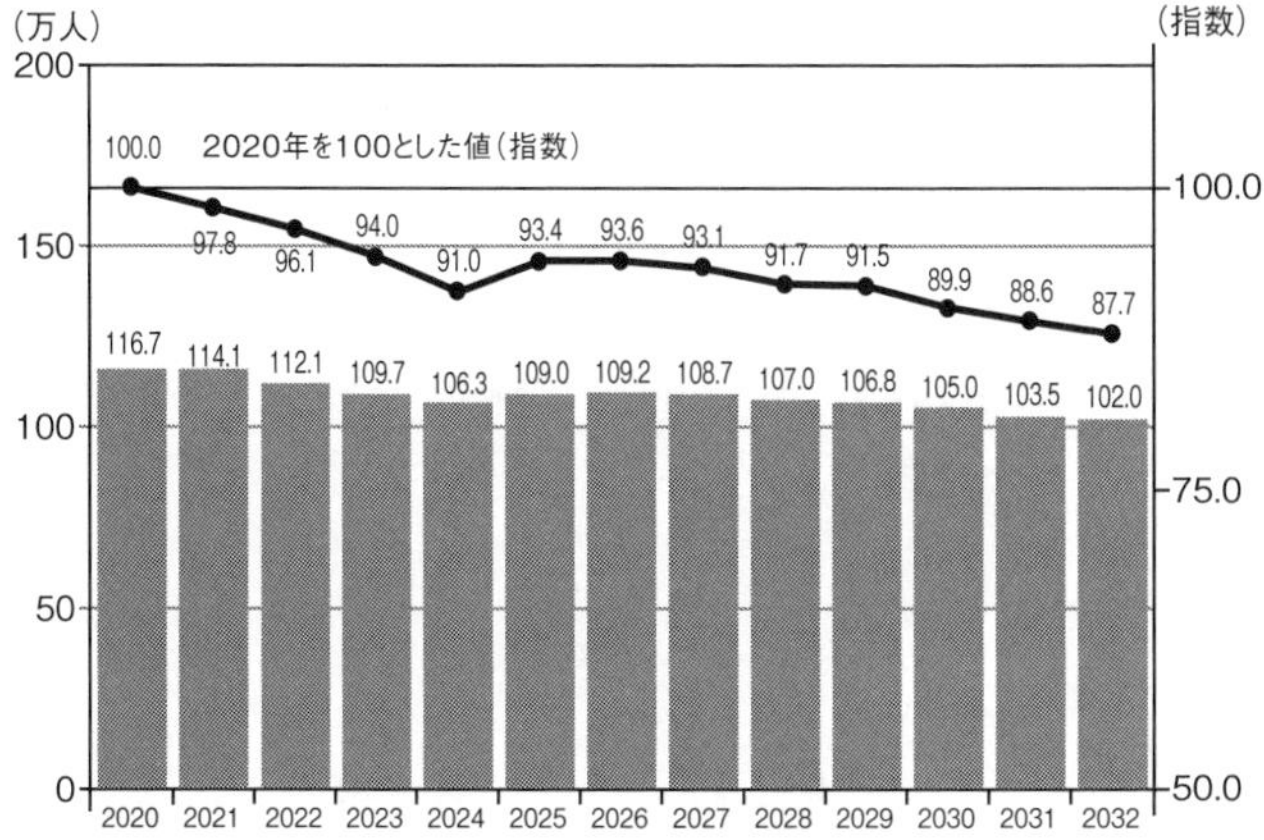

出典:文部科学省「学校基本調査」参照:リクルート進学総研「マーケットリポート」

いのか?」というのが、大学経営者の最大の悩みのタネになっている。

大学進学の年齢とされる18歳人口は、1992年の205万人をピークに減少し、いまはほぼ半減している。[図表15]を見ればわかるように、2032年には100万人切れに迫り、2040年には88万人まで減少する。つまり、大学は学生の奪い合いとなり、有名校、難関校でなければ、志願者全入時代がやって来る。いや、すでに一部はそうなっている。

どんどん進んでいる「入試」離れ

進学人口の減少は、大学受験にも大きな影響を与えている。私は、かつて教育関連の書籍を編集したことがあり、大学教師、教育評論家、大学ジャーナリストに知己が多い。

彼らの最近の話を総合すると、2021年度から実施されたセンター試験に替わる「共通テスト」の最大の傾向は、国公立大と併願しない私大専願の受験生に、共通テストを受けない者が増えていることだという。これは、センター試験のときから続く傾向で、私大進学のかたちは大きく変わった。

「共通テストを受けないのは、共通テストと出題傾向が違う一般選抜試験対策を両立させるのは時間の無駄と考えているからですよ。第1志望が私立なら、その一般選抜だけに全力を集中したほうがいいに決まっていますからね。

だから、早稲田の政経のように、一般選抜で外国語と国語、数学、地理、歴史、公民、理科の共通テスト科目を使っている場合は例外として、共通テスト利用入試をしていない、たとえば慶応などだと、共通テストを避ける傾向になるのです」

もう一つの最近の大きな傾向は、学校推薦型選抜、総合型選抜（旧AO入試）で入学する学生が、大学入学者全体の約半数を占めるまでになったことだ。

その結果、かつてのような一般入試の受験戦争は下火になった。受験地獄という言葉は、ほとんど死語になった。

「ただし、難関私大の一般選抜の難易度は逆に上がっています。また、以前は、AO入試は〝ザル入試〟と言われていましたが、いまは出願に必要な成績のレベルを上げたり、小論文を科したりしているので、全体として、大学受験そのものが変わってきていますね」

とはいえ、これは一定レベルの有名大学の受験現場から見た傾向であり、底辺大学には当てはまらない。そして、この背後にはもっと大きな変化があるという。

というのは、少子化で進学者数が減っているにもかかわらず、大学数が増えているからだ。

いったい、なぜそんなことが起こるのだろうか？

私立大学の約4割は赤字で破綻は確実

文部科学省「学校基本調査」によると、少子化により大学進学者数が減っているというのに、大学の数は右肩上がりに増えている。それにともない、大学の入学定員も増えている。

次頁の［図表16］は、日本の大学数の推移グラフである。１９８０年、大学数は国公立と私立を合わせて４４６校だったが、２０００年に６４９校となり、２０２２年には８０７校となって、40年間あまりで倍増している。圧倒的に私大が激増し、公立大も増加したが、国立大の学校数はほぼ変わっていない。つまり、文科省は大学認可を乱発しまくってきたのである。

となると、教育の質はどんどん落ちる。そのうえ、現実問題として、入学者数が減って定員割れを起こす。実際のところ、２０２２年度は47・5％の大学（学部）で定員割れが発生していて、そういう大学ではまともな学生生活、授業ができなくなっている。

【図表16】日本の大学数の推移（1948年〜2022年）

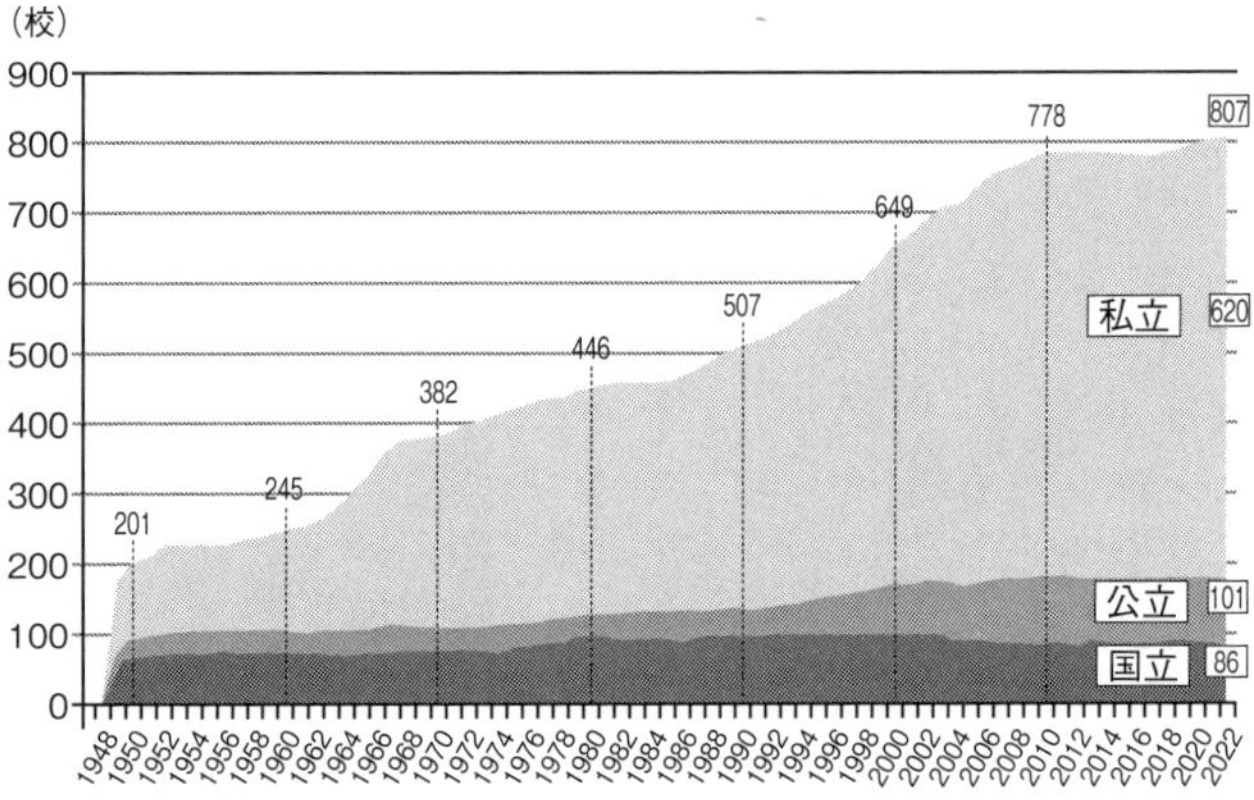

出典・参照:文部科学省「学校基本調査」

日本私立学校振興・共済事業団の調査（2020年度）によると、全国599の大学のうち222校で財務状況（事業活動収支差額比率）がマイナスとなっている。つまり、4割近くの大学が赤字となっている。

とくに地方の中小大学の財務状況はひどく、なんらかの援助・補助がないと経営破綻は確実とされている。しかも、赤字大学のなかで、そのマイナス幅が20％以上の大学がほとんどというから、状況は深刻だ。

ところが、政府（文部科学省）は、赤字が大きい大学ほど救おうと補助金をはずんでいる。この政府による補助金があるから、少子化にもかかわらず大学数が増え、赤字なのに潰れる大学が少ないのである。

ここまで、何度か日本は社会主義だと述べてきたが、大学もまた同じだ。日銀がＥＴＦ（上場投資信託）買いで名だたる企業の筆頭株主になり、多くの企業が公的マネーで存続してきたように、私立大学もまた公的マネーで存続している。

その意味で、日本には完全な私大はないと言える。

ただし、英国やドイツのように、大学はほぼすべてが国公立という国もある。教育に関しては、社会主義システムのほうが、国民がみな等しく教育の機会を得られるので優れているという考え方もある。ただし、日本のように大学数が多く、そのほとんどに公的資金がつぎ込まれているのは、どう見てもおかしい。

財務省の資料によると、赤字大学が２０１９年度決算の状況のまま今後推移したとすると、その約２割にあたる１２１の学校法人が将来的に資金ショートを起こすという。

経営破綻を逃れるための生き残り術とは？

経営が逼迫している大学がなにをしているかというと、とにもかくにも学生数の確保と、補助金の獲得である。学校法人経営が多角的経営のなかの一つというところは少ないので、まずは授業料を払ってくれる学生の頭数をそろえることに必死になる。

私が知己にしている大学ジャーナリストは、地方の赤字大学に呼ばれて、「お知恵拝借」を懇願されるというが、もとより、人口減に勝てる知恵などない。いまさら、地方の大学が国際学部、情報学部などつくっても、誰もやって来ない。国際学部、情報学部はいまや完全にオワコン、時代遅れになった。

となると、わざと定員を水増しして補助金をせしめる。仕方なく、受験料や授業料を値上げする。ともかく、受験してきた者なら誰でも合格させる。推薦選抜、総合選抜の枠を増やして合格を連発するなど、なんでもありになる。

さらに、国や地方自治体から補助金がもらえる外国人留学生を増やすなど、いまや大学はなりふり構わなくなった。なにしろ、右翼・保守を標榜《ひょうぼう》する国士舘大学ですら、中国人留学生が激増しているのだから、一部をのぞいて大学のブランドも大きく失墜している。

さらにもう一つの奥の手の生き残り術がある。それは私大をやめて、公立へ鞍《くら》替えしてしまうという方法だ。たとえば、鳥取環境大学、長岡造形大学、静岡文化芸術大学などはそうした道を選んだ。

しかし、これは、自治体や国に財政負担させるということだから、引き受ける自治体もどうかしている。

奨学金は返済義務のある単なる借金

いまや、受験生はこのような大学に「食い物」にされるために、受験勉強をして大学に進学していると言っても過言ではない。

いっとき、国会で奨学金返済に苦しむ若者たちの苦境が問題になったが、いつの間にか立ち消えになった。しかし、この奨学金というのは、もっともあくどい大学側の生き残り術だ。なぜなら、奨学金とは名ばかりで、「学生ローン」などと呼ばれても、それはただの借金であって返済しなければならないからだ。

奨学金は2種類あると、どんな受験生向けのガイドブックにも書いてある。一つは、給付型の奨学金。成績がいいなどの理由によってもらえる援助金（学費免除など）だ。もう一つは、貸与型の奨学金で、金利が付くものと付かないものがあるが、将来にわたって返済しなければならない。つまり、卒業して働いたら、その収入から返済するわけで、奨学金などと呼ぶのもおこがましい。

この学生ローンは、アメリカでも問題になっているが、日本の場合も深刻だ。なにしろ、返済できない人間が続出しているからだ。

「返す見込みがないなら、借りるな」という意見もあるが、学歴による採用が平然と行われている国で、「おカネがないなら大学に行くな」というのは、酷《こく》ではないだろうか。

日本は実力主義社会ではなく、肩書き社会、縁故社会だから、なおさらだ。

大学生活の費用はいったいどれくらいか?

文科省などの資料を見ると、大学に進学した場合の費用は、現在の日本の一般家庭ではかなり厳しいと言わざるをえない。

まずかかるのが、初年度納付金（入学金を含む）で、その費用は、国公立大学なら約80万円～100万円、私立大学（医・歯学部系除く）なら約110万円～160万円が平均的な金額となっている。その後は、毎年、授業料がかかる。

私大の場合、文系と理系では授業料が違うので、それを考慮して4年間の学費の平均値を出すと、次のようになる。

国公立大学：約240万円～260万円（4年間）
私立大学（文系）：約390万円（4年間）
私立大学（理系）：約540万円（4年間）
私立大学（医歯系）：約2300万円（6年間）

もちろん、これだけでは済まない。親元から離れて暮らすとなると、住居費、通学費、生活費もかかってくる。

そんななかで、親の資産、収入状況によるが、たとえば不足分を学生ローンで1年間100万円、4年間で400万円借金するとなると、その返済はかなりきつい。

たとえば10年かけて返済するとしても、単純に1年で40万円、つまり月約3万3400円近い金額を延々と返すことになる（無利息の場合）。

滞納するとブラックリストに載ってしまう

奨学金を出している日本学生支援機構（JASSO）などのデータによると、3カ月未満の遅延が発生している人間は推定で約33万人、3カ月以上の遅延となっている人間は約17万人もいる。

JASSOが行った調査「令和2年度奨学金の返還者に関する属性調査結果」によると、奨学生本人の職業は、延滞者では「正社（職）員・従業員」41％、「非正規社（職）員・従業員」28・7％、「無職・失業中／休職中」16・1％。それに対して、無延滞者では「正社（職）員・従業員」76・6％、「非正規社（職）員・従業員」12・5％、「無職・失業中／休職中」3・4％となっている。

当然だが、正社員のほうが非正規より滞納率が低い。奨学金を得て大学を出ても、就職次第で、返済できるかどうか決まるのだ。

では、3カ月以上滞納すればどうなるのだろうか？

当然だが、督促《とくそく》され、それに応じられなければ、ブラックリストに載る。JASSOは全国銀行個人信用情報センターに加盟しているので、個人信用情報に滞納情報が記録されることになる。そうなると、クレジットカードが組めず、新たなキャッシングもできず、住宅ローンも組めなくなる。さらに滞納分は年10％の延滞金まで取られる。

これでは、少子化が進むのは当然だろう。子どもを持つ以前に、学生ローンの返済に追われ、結婚すらできないからだ。

卒業と同時にのしかかる借金返済。首尾よく一流企業に就職できたとしても、その返済はきつい。それ以前に、いまや大卒というだけで正社員として就職できるかどうかもわからない。すでに、名門大学以外の学歴は陳腐化していて、役に立たなくなっている。

首相自らが提起した「学費出世払いプラン」

じつは、岸田首相は、この学生ローン問題に自民党の政調会長時代から取り組み、「学費の出世払い」というプランを提起している。入学時や在学中は学費を払う必要はなく、卒業して相応の収入を得られるようになってから払うというものだ。

2021年12月、岸田首相を議長として発足した「教育未来創造会議」において、この出世払いプランは議論されている。2022年5月に、この会議が出した第一次提言では、とりあえず大学院段階において導入することが決まった。そして、現在は大学学部課程での導入が検討されている。

そこで、いったい出世とはなにか？　ということになった。出世したら払うのだから、その基準が必要になる。

2022年10月の「大学院段階の学生支援検討会議」では、返済開始年収の目安について、146万円という額が提示された。そして、11月の次の会議では、返済開始年収を300万円とするという案が提出された。

出世年収が300万円？

国税庁の「民間給与実態統計調査」（2021年版）によると、25〜29歳の平均年収は371万円である。それを大幅に下回る年収300万円が、いったいなぜ出世になるのだろうか？

「奨学金」という名の「貧困ビジネス」

教育未来創造会のメンバーの社会常識を疑いたいが、結局、出世払いなどと言っても、それは学生ローンと同じだ。そして、ここで気がつかなければならないのは、奨学金制度が学生のためにあるのではないことだ。

それは、貸す側の立場になって、貸した金がなにに使われるかを考えてみればわかる。経営が逼迫している大学にとって、ローンで入学金、授業料を払ってくれる学生は〝救いの神〟だ。つまり、若者たちは将来返済義務のある借金で、大学の運営費、人件費を払ってくれている。

そして、奨学金を貸したJASSOは、利子収入で儲けている。つまり、奨学金制度は、大学の生き残りのためと、仲介業者の利益のためにある。

学生ローンを借りる若者は、だいたいが貧しい若者である。家庭に大学に通わせる余裕がない。そのため、まだ金融知識を持ちあわせていない若者は、「奨学金」という名の下に、高額な借金をしてしまう。これは、貧乏人を食い物にする「貧困ビジネス」と代わりない。

借金を家庭から本人へツケ回すシステム

奨学金返済について具体例で見ていくと、無利子の第一種奨学金で国立大学に通った場合、毎月4万5000円借りることができ、4年間の貸与総額は216万円になる。それを毎月1万2857円ずつ168カ月（14年間）かけて返済することになる。

有利子の第二種奨学金の場合、国立・私立に関係なく毎月12万円借りたとすると、4年間の貸与総額は576万円になる。利子は年利0・63％の固定金利とすると、毎月2万5624円ずつ240カ月（20年間）かけて返済しなければならない。その返済総額は614万9760円である。

スタグフレーションに陥った日本経済のなかで、こんな返済ができるわけがない。日本は先進国のなかでも教育関連予算のGDP比は最低レベルである。そのため、高騰する高等教育への負担は、一般家庭に重くのしかかっている。その負担を、学生ローンは家庭から本人にツケ回すシステムである。

考えてみれば、際限なく発行される日本国債も、ツケを国民に回すシステムである。政治家たちがバラまく金を将来の国民（いまの若者）の税金で負担させるのだから、こんな酷なことはない。これから日本を背負う若者たちを、こんな目に合わせていいのだろうか。誰が見てもこれは異常だ。これで経済発展などできるわけがない。

なぜ少子化なのに大学を減らさないのか？

つくづく思うが、いまの日本の大学に行く価値があるだろうか？　日本の学歴、肩書き社会が今後も続き、年功序列・終身雇用制度が崩壊しないという前提でしか、日本の大卒の肩書きは意味をなさない。

「THE」（タイムズ・ハイヤーエデュケーション）の世界大学ランキングでは、東大、京大のみが

【図表17】「THE」の世界大学ランキングトップ20校（2023年版）

順位	大学名	国
1	オックスフォード大学	イギリス
2	ハーバード大学	アメリカ
3	ケンブリッジ大学	イギリス
同3	スタンフォード大学	アメリカ
5	マサチューセッツ工科大学	アメリカ
6	カリフォルニア工科大学	アメリカ
7	プリンストン大学	アメリカ
8	カリフォルニア大学バークレー校	アメリカ
9	イェール大学	アメリカ
10	インペリアル・カレッジ・ロンドン	イギリス
11	コロンビア大学	アメリカ
11	スイス連邦工科大学チューリッヒ校	スイス
13	シカゴ大学	アメリカ
14	ペンシルベニア大学	アメリカ
15	ジョンズ・ホプキンズ大学	アメリカ
16	清華大学	中国
17	北京大学	中国
18	トロント大学	カナダ
19	シンガポール国立大学	シンガポール
20	コーネル大学	アメリカ

出典:Times Higher Education

トップ100に入るだけで、早慶ですら200位以下。また、大学を出ても世界共通語の英語が話せないのでは、海外の高額給料企業などに入れる見込みなどゼロだ。日本人の給料が上がらない、経済が長期低迷を続けているのは、大学教育が原因でもある。日本の大学を出ただけでスキルのない若者に、まともな給料を払う企業はない。

もう見飽きたと思うが、［図表17］は「THE」の世界大学ランキングトップ20校（2023年版）だ。ここに、日本の大学の名はなく、日本の大学の最上位は東大の39位で、毎年順位を落としている。

同じく、日本二番手の京大は68位で、順位下降が止まらない。順位と点数が詳しく公表される200位以内に入った日本の大学は、この2校だけだ。

ちなみに、100位以内を見ると、アジア圏では中国が7校もランクインしている。清華大16位、北京大17位で、東大、京大より上位だ。韓国は3校、香港は5校、シンガポールは2校がランクインし、いずれも日本を上回っている。

すでに欧米圏の大学、いやアジアでも大学教育はリベラルアーツを終えると、デジタル社会に適合した実学教育に移行している。それを日本では、いまだに単なる教養を身に付けるだけのアカデミック教育をやっているのだから、進学する若者たちがかわいそうだ。

それにしても、少子化で進学する者が減るのに合わせ、なぜ大学を減らさなかったのだろうか？　経営が成り立たないのなら、資本主義なのだから自然淘汰《とうた》に任せるのが自然であり、それがルールだ。ところが、日本という国は社会主義国家であるため、なんでもかんでも公的資金で救ってしまう。さらに、官僚たちは自分たちの天下《あまくだ》り先が確保できるので、新設大学をどんどん認可してきたのである。

小手先の入試改革など意味なし

2023年1月25日、文部科学省は中央教育審議会大学分科会で、今後の受験科目の見直しや英語民間試験活用などの改善を求める指針案を示した。

その内容を見ると、今回の指針の目的は、高校段階から文系理系に偏らず幅広く学び、大学で文理の枠を超えた能力を伸ばせる大学生の拡大を狙うということのようだ。

現在、国立の入試は原則「5教科7科目」だが、私立は受験生を集めやすくするため、科目数を減らしている。たとえば、慶應義塾大学の経済学部（B方式）などは経済学を教えるというのに、入試必須科目に数学がない（但し、「A方式」は数学あり）。

文科省はこれを是正すると言う。早稲田大学の政治経済学部は2021年度から数学を入試必須科目にした。だが、私大文系入試に数学を科す動きは広まっていない。

また、高校では2年生から、文系、理系にコース分けてしまって受験教育を行っているが、これでは教育に偏りが出てしまうので、是正すべきと言うのである。

さらに、英語では、スピーキング力などを問う英語民間試験を活用する大学が2割程度にとどまって普及していないから、これをもっと活用せよと言うのである。

ざっと指針案を見たが、まったくの小手先の話だ。そんなことより、日本を実力社会につくり変え、官庁と企業に新卒一括採用、年功序列、終身雇用をやめさせれば、大学教育もその下の小中高教育もガラッと変わるだろう。

このままでは、日本の若者の将来はかぎりなく奪われる。日本の衰退は避けられない。

第7章

金融バブル崩壊に向かう世界経済

不確定要素と資本主義の変質で予測困難

「円安」「インフレ」「株安」「金融自縛」「貿易赤字」「デジタルエコノミー周回遅れ」「低生産性」——何重にも重なった苦境に見舞われている日本経済。いったい、この先になにが待ち構えているのか？

本章では、日本経済の行方を大きく左右する世界経済について考察してみたい。

現代ほど、経済予測が難しい時代はない。

コロナ禍があって、約3年間も世界経済が停滞したことの影響は、今後の予測をますます難しくしている。さらに、ウクライナ戦争によって、「アメリカと西側諸国VS.ロシア・中国」という対立構造が明確化してしまったことも、世界経済の行方を不透明にしている。このまま、世界は「新冷戦」構造のなかで、ブロック化してしまうのだろうか？　また、アメリカ一極世界から多極化に向かうとされてきたが、本当にアメリカは世界覇権を失ってしまうのだろうか？　という地政学も見極めなければならない。

さらに、経済は常に変質している。これまでの資本主義は、衣食住の実需で成り立ってきたが、現代資本主義は、際限のない人間の欲望を増幅することで成り立つ「欲望資本主義」になっている。

また、デジタルエコノミーの進展で、「情報」の価値が高まっている。ＩＴ、ネットの発展により情報が新たな価値を生み出す「情報資本主義」の動きも活発だ。

このような多様な要素を含みながら、毎月、毎年、さまざまな金融機関、政府機関、国際機関、研究所などから「経済見通し」（アウトルック）が公表される。

以下、その主なものをまとめて紹介しながら、世界経済の今後を展望する。

世界はしばらく低成長を続けていく

毎年、年度ごとのアウトルックを公表している代表的国際機関は、「ＩＭＦ」（国際通貨基金）、「ＯＥＣＤ」（経済開発協力機構）、「ＷＢ」（世界銀行）の三つである。以下、それを見ていく。

ＩＭＦでは、２０２３年の世界の経済成長率を２・９％としている。２０２３年に入ってインフレが低下傾向を見せ始めたので上方修正した。ただし、これはコロナ禍、ウクライナ戦争がなかった２０１９年までの過去20年の平均の成長率３・８％を下回っている。

ＯＥＣＤもほぼ同じで、２０２３年の成長率を２・２％と予測。ただし、その見解は悲観的で「ロシアのウクライナ侵攻に端を発したエネルギーショックがインフレ圧力に拍車をかけ、信頼感と家計の購買力を奪い、世界中でリスクを増大させる」とし、「リセッション（景気後退期）ではないが、２０２３年の世界経済は著しく鈍化する」という。

WBは、さらに悲観的である。成長率は1・7％ともっとも低い。これは、リーマンショックで世界同時不況が起こった2009年、コロナ禍が世界を襲った2020年に次ぎ、この30年間で3番目に低い数字だ。

WBは経済減速の原因を、高インフレを抑制するための金融の引き締めとし、今後、金融危機が起これば世界不況が起きる可能性があり、世界不況と債務苦境のリスク軽減のためには「早急な行動が必要だ」と警告している。

それでは、2024年はどうだろうか？　3機関ともやや楽観的になり、世界は成長をなんとか取り戻すとしている。

IMFは2024年の成長率を3・1％、OECDとWBはともに2・7％としている。2023年よりは高いが、それでもこの数字は低いほうだ。つまり、3機関の予測どおりならば、今後世界経済は、しばらくは低成長を続けていくことになる。

アメリカ経済は減速、成長率は1％台前半

世界経済といっても、GDP比率で見ると、単純に三つの大ブロックに分かれる。「米中欧」（アメリカ、中国、EU＋英国）である。それぞれのGDP比率を［図表18］に示したが、その内訳は、アメリカ23・7％、中国18・3％、EU17・7％（英国3・3％を加えて21・0％）で

【図表18】世界の名目GDP比率（2021年）

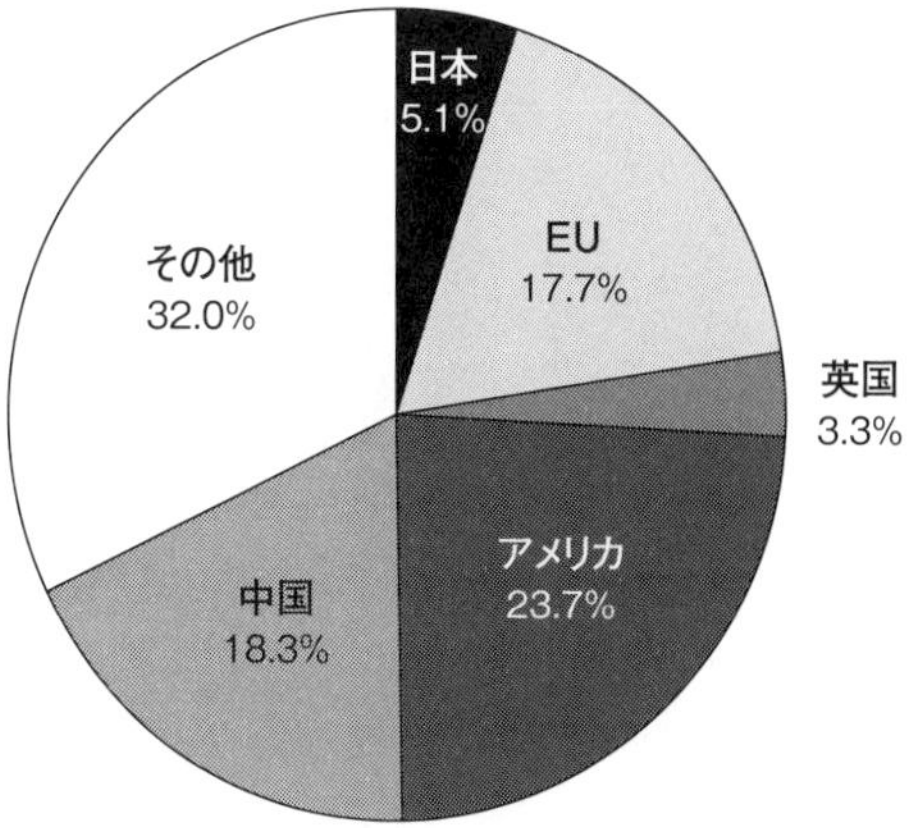

出典:IMF「世界経済アウトルック2022」

ある。

日本は5・1%で、かろうじて1ブロックを形成しているが、四半世紀前は「米日欧」の3極だった。この比率は、当時のGDP比率の3分の1以下である。

では、ブロックごとに今後の見通しをまとめて見ていきたい。

まずは、なんといってもアメリカ。

今日までの各種経済レポート、経済報道を見てくると、2023年はリセッションの年になるという見方が圧倒的である。年初から3カ月を過ぎたところでは、インフレ率の低下から、持ち直すという見方も出ているが、FRBが利上げを継続していくかぎり、成長率の鈍化は避けられない。

FRBは政策金利の誘導目標を4・75%〜

5・00％に設定しており、それを達成しても、そのまま2023年内は据え置くとされている。

そのため、この前提に立って、IMF、OECDをはじめとする多くのアウトルックは、アメリカの2023年度の経済成長率を1％台前半としている。

ただ、問題は成長率ではない。アメリカは常に財政状況が逼迫していて、IMFは1・4％としている。

金融バブルの崩壊、株式市場の崩落があるという見方があることだ。

一部のヘッジファンドなどの金融取引機関は、それを警告している。

中国、欧州、日本も景気後退で成長見込めず

2022年の成長率が3・0％と大幅なダウンを記録した中国だが、IMFは2023年1月末、なんと当初の見込みを上方修正し、2023年の中国の成長率を5・2％とした。そして、中国経済が好調なインドとともに世界経済を引っ張るとした。

すでに中国社会科学院は、昨年12月の「経済青書」のなかで、5・1％前後という見通しを公表していた。IMFは、この数字に引っ張られたのかもしれない。

ただ、ゼロコロナからウィズコロナに転換したので、回復することは確かである。問題は、回復の程度である。米欧による「中国ディカップリング」はあまり効いていないとされるが、中国はすでに人口減に転じたうえ高齢化も進んでいる。

【図表19】IMF「世界経済見通し」による成長率予測

	推計	予測	
(実質GDP、年間の変化率、%)	2022	2023	2024
世界GDP	3.4	2.9	3.1
先進国・地域	2.7	1.2	1.4
アメリカ	2.0	1.4	1.0
ユーロ圏	3.5	0.7	1.6
ドイツ	1.9	0.1	1.4
フランス	2.6	0.7	1.6
イタリア	3.9	0.6	0.9
スペイン	5.2	1.1	2.4
日本	1.4	1.8	0.9
英国	4.1	-0.6	0.9
カナダ	3.5	1.5	1.5
その他の先進国・地域	2.0	2.0	2.4
新興市場国と発展途上国	3.9	4.0	4.2
アジアの新興市場国と発展途上国	4.3	5.3	5.2
中国	3.0	5.2	4.5
インド※	6.8	6.1	6.8
欧州の新興市場国と発展途上国	0.7	1.5	2.6
ロシア	-2.2	0.3	2.1
中南米・カリブ諸国	3.9	1.8	2.1
ブラジル	3.1	1.2	1.5
メキシコ	3.1	1.7	1.6
中東・中央アジア	5.3	3.2	3.7
サウジアラビア	8.7	2.6	3.4
サブサハラアフリカ	3.8	3.8	4.1
ナイジェリア	3.0	3.2	2.9
南アフリカ	2.6	1.2	1.3
その他の情報			
新興市場国・中所得国	3.8	4.0	4.1
低所得発展途上国	4.9	4.9	5.6

出典:IMF「世界経済見通し」2023年1月改訂版

※インドのデータと見通しは財政年度ベースで、FY2022/2023は(2022年4月から)は2022年の欄に表示、暦年ベースの成長率予測は2023年が5.4%、2024年が6.8%。

人口減と高齢化は、消費の減退につながる。強大な消費市場はこれから失われていく。よって、中国の成長率は今後落ちていくと考えられている。

ユーロ圏は、惨憺たる状況だ。欧州委員会は昨年、2023年の成長率の見通しを2・3%と発表したが、ウクライナ戦争が長引き、エネルギー危機が続いているので、この数字は達成不可能と見られている。IMFは厳しく0・7%としている。英国にいたっては、当初0・3%としていたが、2023年1月に一気にマイナス0・6%に引き下げた。

最後にわが日本だが、IMFによる2022年度の経済成長率は1・8%。インフレが落ち着くので、欧米諸国より高い数字が見込めるとしているが、大甘予想な感は否めない。政府が発表している成長率予測もまた1・5%と高い。しかし、2024年となると、1%を切る。

前頁の［図表19］に、IMF発表の「世界経済見通し」(World Economic Outlook) による成長率の予測をまとめた。参照にしてほしい。

巨大IT企業は相次いでリストラに踏み切る

このように見てくると、今後の世界は本格的なリセッションとなり、景気低迷は長引くと思ったほうがいいだろう。

リセッションがインフレ下で進行した場合、物価上昇に賃金上昇がともなわなければ、それはスタグフレーションであり、生活はどんどん苦しくなる。日本はすでにこの状況に陥っているが、世界全体も似たようなものである。

アメリカの場合も、インフレ率に賃金の上昇が追いついていない。

たとえば、ニューヨーク州では、2022年12月31日より最低賃金が13・2ドルから14・2ドル（約1930円、1ドル＝136円換算）に引き上げられたが、これではほとんどの人間が暮らせない。そのため、たとえばレストランの皿洗いの時給を最低でも18ドルにしないと、人は集まらないという。

リセッションが予測できるようになったとき、企業はどうするだろうか？

当然ながら、コスト削減に走る。そのもっとも簡単な方法は、「リストラ」（和製英語で「人員削減」のこと）だ。2022年後半から、アメリカのビッグテック（巨大IT企業）は、相次いで大量解雇（レイオフ）に入った。

メタ（フェイスブック、インスタグラム）、アマゾン、ツイッター、グーグルなどは、コロナ禍の「巣ごもり需要」で一時ウケに入っていたが、そのメッキは剝げ落ち、コスト削減に追い込まれた。

IT企業の雇用情報サイト米「Layoffs.fyi」によると、2022年のレイオフ者数は約15万人を超え、2021年の約2万人の7倍に達した。このレイオフの波は今後も続くという。

ビッグ・テックの従業員数は巨大だから、レイオフ者数も巨大だ。メタは1万1000人以上、アマゾンとグーグルはそれぞれ1万人の人員削減を発表した。グーグルは2023年になって1万2000人、メタは1万人の追加リストラを発表した。

ツイッターは、2022年10月にイーロン・マスクに買収されたが、その直後、社員の半数に当たる約3700人を解雇した。さらに2023年2月、追加で200人を解雇した。従業員は買収前の約7500人から、現在は約2300人にまで激減している。

会員数、出稿数の減少でたちまち収益は悪化

ビッグ・テックが代表するIT関連企業群は、これまでもっとも雇用に貢献してきた。アメリカ労働省は、IT関連企業群の雇用は今後10年間で約70万人増えるという推計を公表しているが、はたして現実がそのようになるだろうか？

AIやIoTの発展は、ますますヒトの労働力を必要としなくなる。しかも、IT産業の収益は、ほとんどがユーザー数の増加に支えられている。ユーザー数が増加すれば、それにともなうサブスク収入も広告収入も上がる。

しかし、ユーザー数が伸びないか、あるいは減少すれば、業績は逆回転する。とくに、リセッションで企業の広告出稿が減れば、IT産業の収益はたちまち悪化する。

コロナ禍の巣ごもり需要で、会員数が急増していた動画配信大手のネットフリックスは、2022年春に約10年ぶりに会員が減少に転じた。その結果、6月には、社員の約3％に当たる300人のレイオフに踏み切った。

これが、ビッグ・テックのリストラの始まりであり、それまで株式市場を牽引してきた「GAFA神話」の崩壊の始まりでもあった。

メタ、グーグル、アマゾン、アップルという「GAFA」のうち、2022年に増益を確保できたのは、iPhoneの新機種を発売したアップルだけだった。メタのCEOザッカーバーグは、2022年暮れ、「2023年にわれわれはいまと同規模かもう少し小さな組織になる」と宣言している。

IT関連企業のリストラは、すでに金融業界にも及んでいる。2023年になって、ゴールドマン・サックスは3000人超のリストラを発表し、続いてブラックロックも最大500人を削減すると発表した。

NY株も日本株も〝適温相場〟が続くのか？

では、ここからは、経済の指標とされる株式の最近1年間の動向を振り返ってみたい。

まずNY株価（ダウ平均株価）だが、コロナ禍がほぼ2年経過した2021年の暮れ、市場最高値の3万4881ドルを記録した。以来、ここがピークでだらだらと下げ、2022年9月には2万8725ドルまで下がった。しかし、そこから反転し、じわじわと上がって11月に3万4589ドルに達した。そして年が明けた2023年となり、1月と2月は3万3000ドル前後で推移している。

アナリストのなかには、「また上昇は間違いない。インフレ時は株は買いだ」という見方もあるが、リセッションの足音のなかで取引は軟調だ。

一方、日本株（日経平均）は、NY株とほぼ相似形で値動きを繰り返してきた。なんと、日経平均はコロナ禍のなかで上昇を続け、2021年9月に2万9452円に達し、そこをピークにだらだらと下落と上昇を繰り返し、2022年11月に2万7968円を付けた後はやや下げたが、2023年に入っても2万7000円前後は維持している。

このようなNY株と日本株の、あsる程度の高値維持は、〝適温相場〟と呼ばれている。過熱し過ぎでなく、かといって閑散でもない〝適温〟を保っているからだ。

しかし、金融緩和が終わって金融引き締め（QT）となった（日本は違うが）のに、なぜ株価は下がらないのだろうか？

イーロン・マスクは一時28兆円を失う

〝適温相場〟が続く状況を見て、インフレが亢進しても一般投資家は、株式市場から去る様子はない。長期間で見れば、株価は上がり続けるという、これまでの株価の歴史を信じているからだろう。

しかし、個別銘柄で見ると、すでに暴落と思える兆しが現れている。たとえば、ウーバーは２０２２年7月、最高値の半値まで下落した。その後、盛り返したが、まだ7分ほどしか戻っていない。

ひどいのはテスラで、２０２１年11月に４１４ドルという史上最高値を記録した後、下がり続け、12月27日には１０８ドルまで下がった。ほぼ4分の１という大暴落である。

テスラCEOのイーロン・マスク氏

この結果、イーロン・マスクの純資産はピーク時から２１００億ドル（約28兆円）あまりも減少し、世界一の富豪の座から転落した。買収したツイッター株も下がった。

しかし、２０２３年になって反転し、2月になると２００ドル台に載せた。年初の底値が１００ドル近辺だったから、短期間で倍になり、マスクは世界一の富豪の座に返り咲いた。しかし、最高値414ドルから見れば半戻しである。

このような株価の動向から窺《うかが》えるのは、アメリカ経済が本格的なリセッションになり、金融引き締めが続けば、「金融バブル」が一気に崩壊するのではないかという危惧だ。SVB（シリコンバレー銀行）の経営破綻などその兆しはあり、それを警告する声も発せられている。

コロナ禍でいったんバブルは弾けている

思い起こせば、金融バブルは、コロナ禍をきっかけにいったん崩壊している。

2020年3月16日、NYダウは、前営業日比で2997ドル安という過去最大の下げ幅を記録した。下落率はなんと、12・9％で、これは、1987年のブラックマンデーで記録した22・6％に次ぐ過去2番目の下げだった。NY株価は、3月に入ってから暴落を繰り返していて、この日は「総悲観」状態で、ついにサーキットブレーカー（強制的取引停止）が発動された。

その後もNY株価は下落を続けた。3月23日に、景気対策法案の議会での審議停滞が悲観され、とうとう2万ドルを割り込んで1万8591ドルまで下落した。これは、2月12日につけたそれまでの過去最高値2万9551ドルから1万ドル以上の下げで、下落率も36％強だった。

もはや、株は投げ売り状態。完全なまでの暴落だった。

日本株も同じだ。コロナ禍が顕在化した2月後半から、日経平均は連日下げ続けた。そうし

【図表20】ダウ平均株価の推移（2020年1月～2023年1月）

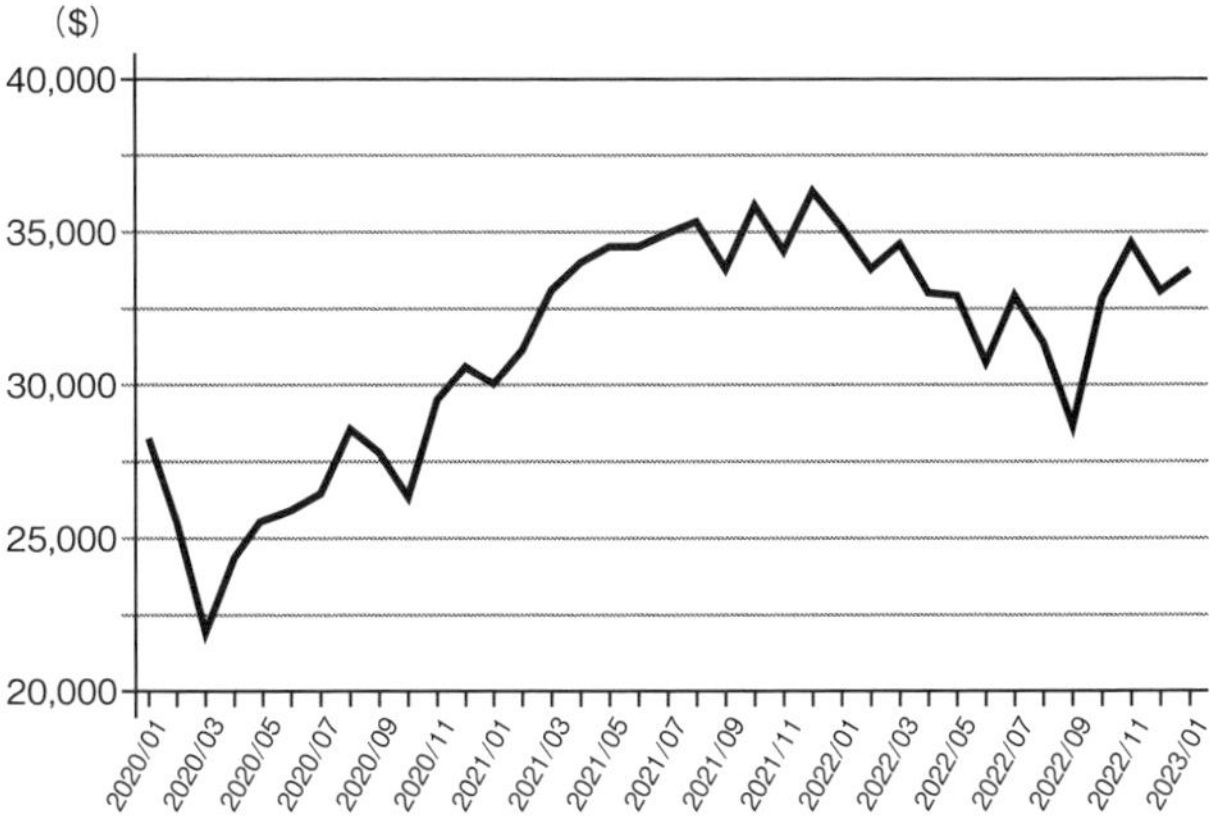

出典・参照:invesing.com

【図21】日経平均株価の推移（2020年1月～2023年1月）

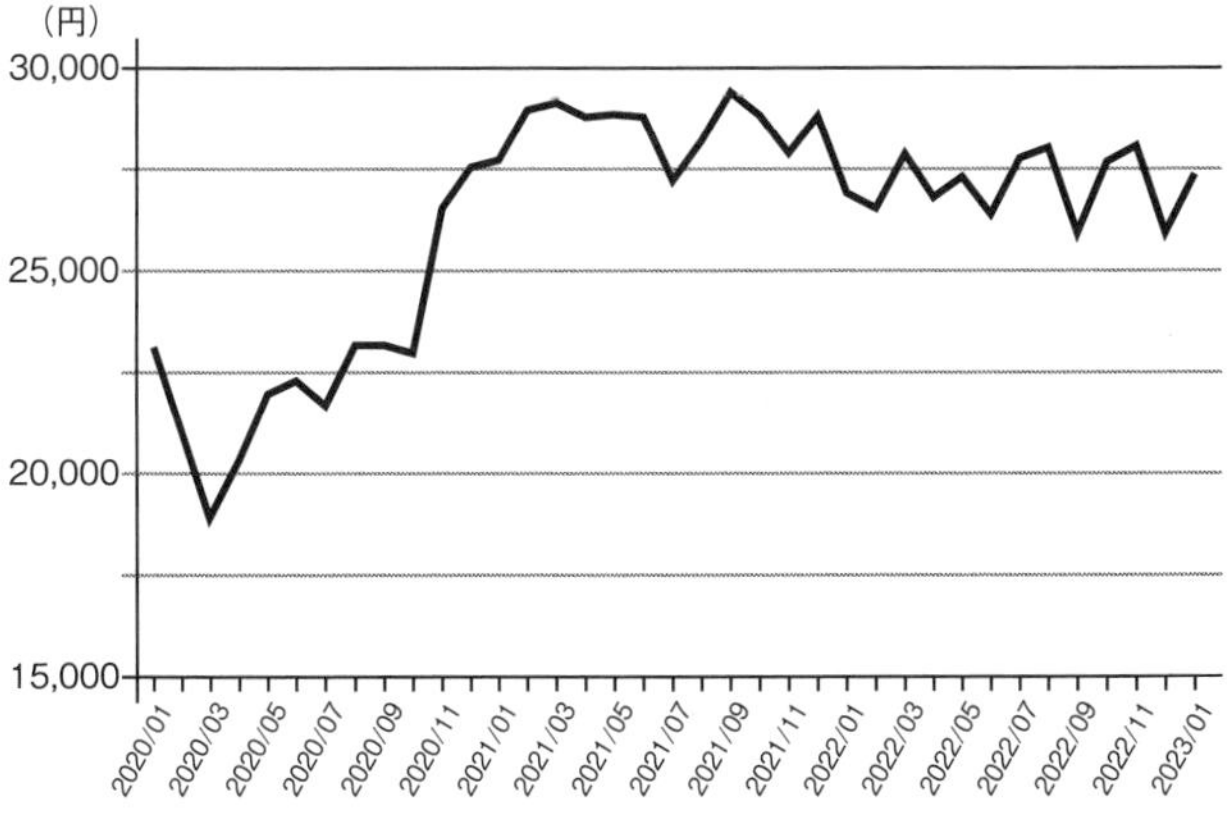

出典・参照:日経平均プロフィル（日本経済新聞社）

て3月19日、一時的に1万6358円を記録した。そんななかで、決まったのが東京五輪の延期だった。

ところが、NY株も日本株も、この後、大反転した。前記したように、コロナ禍が続くなかで、じわじわと上がり続けたのである。

前頁の「図表20」にダウ平均株価の推移を、「図表21」に日経平均株価の推移を示す。

なぜ、新型コロナのパンデミックを悲観して大暴落した株価は、その後、大きく戻したのだろうか？

バブル崩壊は次のバブルによって先送り

後に「コロナショック」と呼ばれた株価の暴落は、じつは、間違いなく金融バブルの崩壊だった。世界的な金融緩和が続くなかで、あまった資金が株などのリスク資産に向かい、バブルとなったのである。

株価の上昇はその一つの現れだ。だから、膨れ上がった風船が爆発するように、やがて爆発するだろうと、ずっと警戒されてきた。

金融バブル相場は、俗に「ゴルディロックス相場」（英国の童話に基づく表現で、日本では〝適温相場〟と称された）と言われ、コロナ禍前の2019年には、もう続かないだろうと有力なファンドマネージャーたちが警告していた。

したがって、コロナショックは単なる引き金であり、コロナ禍そのものが暴落を招いたのではない。つまり、2020年3月の株価暴落は、正確にはコロナショックではなかった。バブル崩壊を警戒してきた投資家が、新型コロナのパンデミックを見て、そのときが来たと思ったわけだ。

バブル崩壊は次のバブルによって先送りされる。これが、20世紀後半から繰り返されてきたことで、このときもそれが起こった。コロナショックが引き金となったバブル崩壊は、その後の政府によるコロナ対策、すなわち、大規模な救済策で先送りされてしまった。

アメリカも日本も、いや、世界中で、政府は交付金、補助金という名の現金のバラマキを行った。そのための国債増発などにより、紙幣がどんどん刷られた。世界中にマネーがあふれた。

これで株価は反転し、その後上昇を続けたのである。

FRBも日銀も中央銀行は紙幣を刷り続けた

パンデミックによって、世界中がロックダウンされたが、それは3カ月間ほどのこと。その後、ロックダウンが解かれ、ワクチン接種が始まると、世間のムードは一転した。株価も上がり出した。

当時、「3月の底値でロスカットしなくてよかった」「あそこで買いを入れて大成功」などと言う人間のこれ見よがしの声を聞いて、私は嫌な気分になった。

「コロナショックで狼狽《ろうばい》売りした奴らはバカだ。FRBも日銀も輪転機をフル稼働してカネを刷って配ると言っているのだから、株があれ以上、下がるわけがないだろう」

この見方が当たっているだけに、気分が悪くなったのだ。

コロナ禍で、あらゆる経済指標が悪化していた。しかし、株価だけは上がった。

そしてこの状況、余韻がいまもなお続いている。FRBもECBも、日銀をのぞく世界中の中央銀行が金融引き締めに入り、金利が上昇しているのにもかかわらず、株価は〝適温相場〟を続けている。

世界的な金融緩和は、ゼロ金利はもとより、緩和の対象をジャンク債にまで拡大して続けられた。中央銀行がどんな債権でも買うというのだから、投資家にとってリスクはないも同然だった。

しかし、緩和終了で引き締めに入った後でも、同じ状況が続くだろうか?

「欲望資本主義」は限界に来ているのか?

現代の資本主義を「欲望」に基づく資本主義と見る見方がある。いまから30年も前に、経済学者で思想家の佐伯啓思《さえきけいし》氏は、『「欲望」と資本主義―終りなき拡張の論理』（講談社現代新書、1993）という本を書いて、このことを指摘している。

現代の資本主義の原動力は、「実需」でなく、人間の「欲望」だというのだ。

そう考えると、たしかに、冷戦終了後、1990年以降、世界経済は常にバブルを繰り返してきた。バブルを起こすのは、人間の欲望である。歴史上のバブルの先駆けとされるオランダの「チューリップ・バブル」は、チューリップの球根の値段の暴騰が招いた。チューリップは人間が生きるために必要な必需品ではない。

現代社会は実需に基づく必需品だけでは、経済発展しない。経済は回らない。必需品ではない贅沢《ぜいたく》品で経済が回っている。贅沢品というか、時代の先端をいく商品と言ったほうがいいかもしれない。

だから、その贅沢品、先端品が飽きられると、次の新しい贅沢品、先端品が登場し、消費者が次々にそれを消費することで経済が回っていく。

まさに「欲望資本主義」である。

必需品不足が招くバブルの最終局面

本来、人間の暮らしに必要でないモノを必要と思わせ、それを消費することで満足感、高揚感を与える。そして、必要でないとわかる間もなく、次の必要と思えるモノが登場する。

1990年以降、新型家電、PC、携帯電話、スマートフォン、インターネット、テレビゲーム、ソーシャルメディアなどが次々に登場して、バブルをつくってきた。

これら実需でないものの消費で経済規模が拡大し、経済は成長し、金融は回ってきたのである。金融バブルで言うと、IT投資による「ドットコムバブル」の次は、サブプライムローンによる「住宅ローンバブル」だった。これがリーマンショックで崩壊すると、政府は中央銀行に命じて、「金融資産バブル」をつくった。これは「国債バブル」でもあった。なんと、日銀はその最先端を行き、異次元バズーカ砲による「量的緩和バブル」をつくった。

この量的緩和バブルがコロナショックで崩壊すると、政府は財政出動を駆使して膨大な借金をつくった。こうして金融バブルは継続し、ついに、その最終局面を迎えようとしている。

2022年から、FRBをはじめとした世界中の中央銀行は緩和の手仕舞い（テーパリング）から、金融引き締めに転じた。バブルをつくり出すマネーは市場から回収されていくのだ。

したがって、このままリセッションが本格化し、経済活動が低迷した場合、金融バブル崩壊を防ぐ手立てはもう残されていない。基軸通貨国のアメリカ、堅実財政国のドイツ（＝EU）は別として、とくに日本は金融緩和を続けるほか手はなく、完全に詰んでいる状態だ。

次のイノベーション、贅沢品、先端品は当分登場しそうもなく、足元では、実需品不足のインフレが止まらない。

気候変動による農産物の不作。それが引き起こす食糧不足。そして、ウクライナ戦争が招いたエネルギー不足。

いま私たちは、実需こそ経済の根本であることに気づくべきだろう。資源と食料不足によるインフレは止まらず、金融バブルが最終局面となって崩壊すれば、株価はふたたび暴落する可能性が高い。

「ミンスキー・モーメント」がやって来る

今後、金融バブルの崩壊が必ず起こる、と言い続けている投資家がいる。米ヘッジファンド「ブリッジウォーター・アソシエーツ」の創業者レイ・ダリオだ。

すでに彼は、コロナショックの前、コロナのコの字もなかった2019年の11月に、「ミンスキー・モーメント」(Minsky Moment) という経済用語を用いて、「世界はいま非常事態にある」と投資家向けに警告した。

ミンスキー・モーメントとは、簡単に言えば、バブルが弾けて崩壊に転じる瞬間のことだ。

エコノミストのハイマン・ミンスキーが、金融の不安定性を説いた「金融循環論」のなかで唱えたことで、多くの投資家がこれを警戒してポジションを取ってきた。

景気がいくらよくなろうと、債務が増加すれば、過剰な資産形成から、やがて資産価値が下落する局面（バブル崩壊）がやって来る。景気が悪くなれば、なおさらだ。

これが、ミンスキー・モーメントで、2008年のリーマンショックもミンスキー・モーメントだった。

「バブルがいつ弾けるのか、それを予測することは誰にもできない。ただ、バブルは必ず崩壊する」と、経済学者のジョン・ガルブレイスも言っていた。

コロナショックによるNY株の暴落が起こったとき、多くの経済人が、これはミンスキー・モーメントがやって来たと思った。しかし、それは政府の大胆な財政出動で先送りされてしまった。しかし、あくまで先送りで、問題が解消されたわけではない。時限爆弾のスイッチは入ったまま時刻が先送りされただけと言える。

「価値」の保存ができない世界になる？

昔の投資家は、株が暴落すれば、安全資産であるとされた債券に逃げた。しかし、この債券の最たる国債が、日本ではもっとも危険で、暴落（金利急上昇）寸前である。

いまのヘッジファンドは、投資先別に細分されていて、それぞれ行動原理が違う。しかし、いったん崩壊が始まれば、すべてのリスク資産が暴落するだろう。

インフレだから、現金がもっともリスクがある。株式、投資信託、不動産などの権利だけを保持している資産も危ない。よく最後の拠り所はゴールド（金）とされるが、これも現物ではなく権利だけを持っているだけなら危ない。

となると、最後の拠り所は、天然資源そのもの、食料品となる農産物そのものかもしれない。いわゆる「実物資産」である。

結局、資産（価値あるもの）を〝持っている〟（ハブズ：haves）人間にとって、最大の問題は、それをどうやって安全に保存するかだろう。私のような〝持っていない〟（ハブノッツ：have-nots）人間にとっては関係ない話だが、資産家にとってのバブル崩壊（＝暴落）は、一夜にして全財産を失う大問題である。

よって、資産の置き場所をどこにするかが、スタグフレーション下のいま、最大の関心事となった。ただ、これに対する明確な答えはない。

第8章　超重税国家への道

現代に復活した江戸時代の「五公五民」

２０２３年２月21日、財務省が２０２２年度の「国民負担率」が47・５％になる見込みだと発表すると、ＳＮＳは大騒ぎになった。

47・５％はほぼ５割。つまり、所得の半分を国に持っていかれることに、悲鳴と怨嗟《えんさ》の声が上がったのである。そして、ツイッターでは「五公五民」がトレンド入りした。

「五公五民」は、江戸時代の年貢率を表した言葉で、年貢米の半分を領主が取るので、残りの半分しか農民の手元に残らないことを指す。江戸時代初期には「四公六民」だったが、八代将軍の徳川吉宗《とくがわよしむね》によって引き上げられた。これにより、大飢饉に見舞われた享保《きょうほう》から天明《てんめい》年間には、「百姓一揆」が続発した。

ＳＮＳの投稿では、《令和の時代に五公五民。江戸時代とどっちがマシか》《五公五民だと、一揆起こさないとあかんレベル》《防衛費倍増になると、六公四民か七公三民になりそう》などが、一気に拡散した。

「国民負担率」というのは、国全体の収入である「国民所得」（ＮＩ：National Income）に対して、税金や健康保険料などの社会保険負担が、どれくらいの比率になっているかを表した数字だ。国民負担率は、税金や社会保障負担の合計を、個人や企業が稼いだ国民所得で割ることで求められる。

国民負担率は財務省が毎年公表しているもので、ここ数年ほぼ同じ率であり、2022年になって「五公五民」になったわけではない。

日本の国民負担率は本当に高いのか？

それでは、日本の国民負担率47・5％は、国際的に見て高いのだろうか？　財務省のHPに国民負担率の国際比較のグラフと表がある（次頁の「図表22」参照）。

ここには、アメリカ32・4％、英国46・5％、ドイツ54・9％、スウェーデン56・4％、フランス67・1％の5カ国しか示されていないので、以下、主要国をもう少し加えてみる。

韓国40・1％、スペイン47・3％、イタリア60・0％、ノルウェー54・0％、フィンランド61・5％、オランダ54・4％　オーストラリア34・5％、カナダ47・5％。

中国、東南アジア諸国、インドに関しては、財務省HPに統計がない。また、各国とも税制も社会保障システムも違うので断じることはできないが、一見では日本はけっして高いとは言えない。とくに、韓国やアメリカなどよりは高いが、欧州諸国（とくに北欧諸国）に比べたら低いのだから、怨嗟の声が上がるのはおかしいと思える。

しかし、これは大きな間違いで、日本は「五公五民」よりひどい重税国家なのである。

【図表22】国民負担率の国際比較

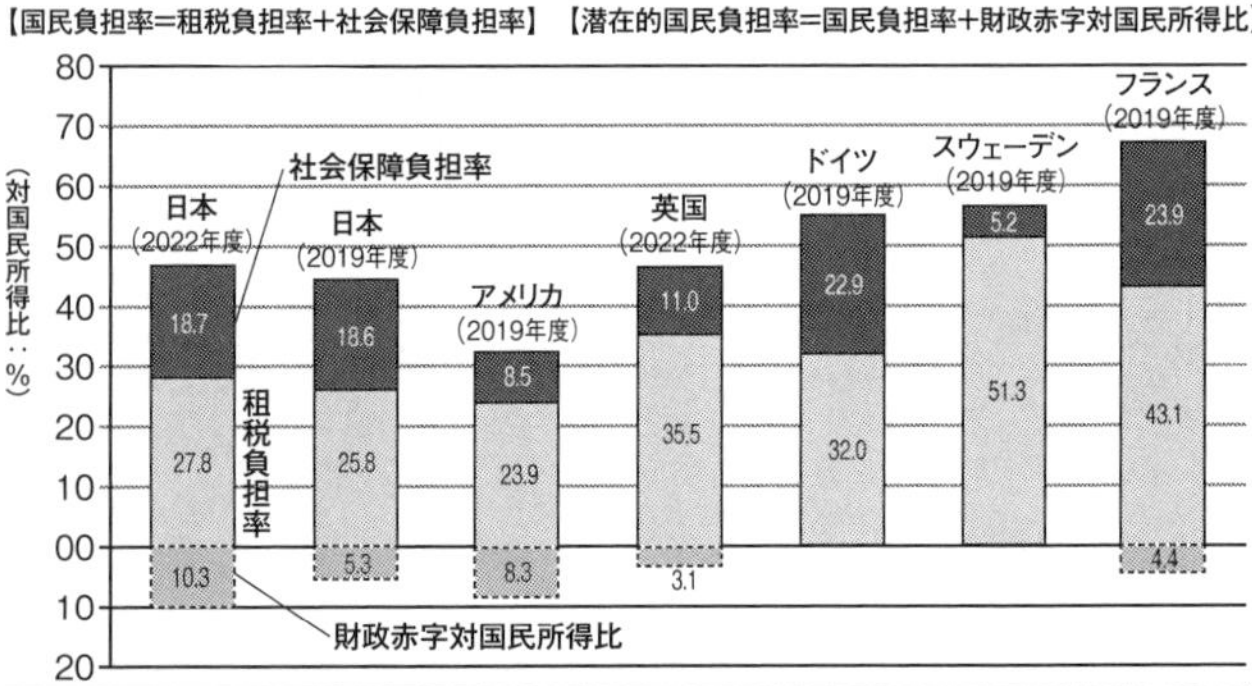

国民負担率	46.5(33.3)	44.4(31.9)	32.4(25.5)	46.5(33.9)	54.9(41.2)	56.4(37.1)	67.1(46.9)
潜在的国民負担率	56.9(40.7)	49.8(35.8)	40.7(32.0)	49.7(36.1)	54.9(41.2)	56.4(37.1)	71.5(49.9)

注1:日本の2022年度(令和4年度)は見通し、2019年度(令和元年度)は実績。諸外国は2019年実績。
注2:財政収支は、一般政府(中央政府、地方政府、社会保障基金を合わせたもの)ベース。
ただし、日本については、社会保障基金を含まず、アメリカについては、社会保障年金信託基金を含まない。

出典:財務省

なぜなら、国民負担率がいくら高かろうと、それに見合った住民サービスがあれば、重税であっても重税感はなくなる。つまり、社会保障が充実した高福祉国家なら、一概に重税国家とは言えない。その意味で、北欧の国々、スウェーデン、ノルウェー、フィンランドなどは、重税国家ではあっても国民の不満は少ない。

たとえば、北欧諸国では教育は大学まで無償である。ところが、日本では、国立大学ですら高額の入学金と授業料を取る。あまつさえ、第6章で詳述したように、学生ローンまで組ませて学費を先払いさせている。教育無償化は議論されているだけで実現していない。

これで47・5%は、やはり高いと言わざ

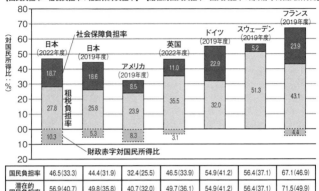

るをえない。

さらに、もっとカラクリがある。国民負担率というのは日本独特のもので、諸外国はＧＤＰ比で負担率を出している。ところが、日本は間接税を省いた国民所得比で算出している。つまり、間接税率の高い欧州諸国は、国民負担率が日本より高めに出てしまうのである。

国の借金を加えると「五公五民」では済まない

さらにもう一つ、カラクリと言うか、当然と言うか、本当の国民負担率は、国の借金（財政赤字）も加えて計算しなければならない。なぜなら、国の借金である国債は、将来の税金で償還されるべきものだからだ。それで、財政赤字を加えて算出した国民負担率を「潜在的国民負担率」としている。

［図表22］には、各国の潜在的国民負担率が示されているが、それで見ると日本はスウェーデンより高い。財務省の発表には２０２３年度の国民負担率の見通しがあり、それによると、２０２２年度から０・７ポイント下がって46・８％となるが、潜在的国民負担率はなんと３・７ポイント上がって61・１％である。

日本は、世界でも類を見ない「高負担低福祉国家」なのである。

しかも、国債発行には際限がなく、財政赤字は拡大する一方になっている。このまま行くと、さらに潜在的国民負担率は上がる。それにしても、本来GDP比でいいものをそうせず、GDP比にしたものにはわざわざ「潜在的」という名目をつけている。これはゴマカシではないだろうか？

日本経済が長期低迷を続けている一つの原因に、この国民負担率の高さがある。国民負担率が1％上昇すれば、成長率が0・3％低下するという調査研究レポートがある。

すでに潜在的国民負担率は「六公四民」になっている。所得の6割も国に取られてしまうのだから、若者は結婚できるわけがないし、まして少子化など改善できるわけがない。

重税国家だと気づかせない巧妙な仕掛け

国民負担率の統計が始まったのは、1970年。以来、財務省は毎年発表を続けてきたが、まさか、50％に迫るなどとは夢にも思わなかっただろう。なにしろ、1970年は24・3％に過ぎなかったからだ。それが、今世紀に入ってから増え続け、2013年度に40％を超えてしまった。

国民負担率を減らすには、分子となる税金や社会保障の負担を減らすか、分母となる国民所得を上げるしかない。岸田首相は「新しい資本主義」を標榜し、「令和版所得倍増計画」を進めると言ってきた。しかし、具体的になにもしていない。

こんな状況では、諸外国なら抗議デモが起こり、政権は倒れているだろう。実際、2022年10月、英国はそうなった。しかし、日本ではデモはおろか、抗議の声すらわずかだ。なぜなのだろうか？

かつて私は『隠れ増税』（青春新書、2017）という本を執筆したが、そのなかで、次の4点を挙げた。

（1）税金が複雑かつ種類が多すぎること
（2）見えない税金があること
（3）公共料金を税金と考えていないこと
（4）源泉徴収制度があること

（1）から説明すると、日本の税金は、国や自治体に納める税金（国税、地方税）だけで、50種類以上あり、これを全部知っているのは専門家しかいない。

（2）の見えない税金は、「たばこ税」「酒税」「自動車関連税」（自動車所得税、自動車重量税、軽油取引税など）「入湯税」「ゴルフ場利用税」「一時所得税」などで、はなから価格・サービスに上乗せされているので気づかない。

（3）の公共料金は税金の一種と考えるべきで、水道料金、電気料金のほかにＮＨＫの受信料までである。

（4）の源泉徴収制度というのは、基本的な税金である「所得税」や「住民税」が、給与所得者の場合、毎月給与から天引きされてしまうこと。そのため、いくら税金を取られているのか、それが重いかどうかわからなくされている。また、この制度は徴収を会社がするので、事実上、会社が税務署の出先機関になっている。

源泉徴収制度は、アメリカ、英国、ドイツなどにもあるが、日本とは違っていて、最終的に自身で税を確かめて確定申告することになっている。

所得税＋住民税で55%というボッタクリ

日本の税金には、このようなカラクリがあるうえ、税金そのものも高い。たとえば、所得税は最高税率で見ていくと、日本は世界でもっとも高いほうの部類に入る。日本の最高税率は45％であり、住民税10％と合わせるとなんと55％にもなる。

次に、主要国の最高税率を高い順に記してみる。

スペイン52％、英国50％、ドイツ、フランス、オーストラリア45％、アメリカ35％、カナダ29％——。どうだろうか。世界には、オフショアもあり、シンガポールは20％、香港は17％と

【図表23】所得税の税率

課税される所得金額	税率	控除額
195万円以下	5%	0円
195万円を超え、330万円以下	10%	97,500円
330万円を超え、695万円以下	20%	427,500円
695万円を超え、900万円以下	23%	636,000円
900万円を超え、1,800万円以下	33%	1,536,000円
1,800万円を超え、4,000万円以下	40%	2,796,000円
4,000万円超	45%	4,796,000円

出典:国税庁HP

低く、ケイマン諸島は所得税そのものがない。

［図表23］が、日本の所得税の税率である。所得が高い人ほど税率が高くなる「超過累進課税制度」が取られていて、1800万円を超えると40％、4000万円を超えると45％が課せられ、これに住民税10％が加わる。

単純な話、日本のサラリーマンは年収1800万円以下までにしておいたほうがいい。それ以上稼ぐとどんどん取り上げますと、国は言っているわけだ。

相続税を廃止すれば問題は解決する

相続税もボッタクリである。相続税にも所得税と同じように金額に応じて課税するという制度があり、これを動かすことで簡単に増税できる。

実際、相続税は2015年年1月1日から税率が引き上げられ、最高税率が55％になった。また、基礎控除額の改正も行われ、それまで5000万円だった定額控除が3000万円と、なんと4

割も引き下げられた。控除額の引き下げは増税である。

じつは、相続税はもともと、その課税根拠が希薄な税金だ。なぜなら、私たちは所得があればその一部を所得税というかたちで国に納めている。そして、残った所得で資産を形成する。たとえば土地・建物を購入すれば、そのときに不動産収得税などを払い、さらに、毎年、固定資産税を納める。株や債券に投資しても、それから得られた利益に対してはキャピタルゲイン税を納めている。

こうしてさまざまな税金を払ったうえに残った資産に、所有者が死んだという理由だけで課税するのが相続税であり、これは、明らかな「二重課税」「三重課税」ではなかろうか。

いまや多くの国で相続税は廃止されている。カナダとオーストラリアは1970年代に廃止。1992年にニュージーランドが続き、高福祉高負担で知られるスウェーデンも2004年に相続税を廃止した。また、イタリア、インド、中国、タイ、マレーシア、インドネシアなどは、そもそも相続税がない。

相続税があり、それが高率だということは、世代を超えて富が蓄積されないということを意味する。美智子《みちこ》上皇后の実家の正田《しょうだ》邸は、相続税のために物納されて解体されてしまった。街の景観まで変わってしまうのだ。

相続税は、結局、国家にだけ富が集中し、民間は疲弊するという税金である。

もし、相続税がなければ、日本が直面している多くの問題は解決する可能性がある。たとえば、現在多くの中小企業が悩んでいる「事業継承」がスムーズに行えるようになる。また、解体が進む家族もその絆が深まることで元に戻る。さらに、少子化や老老介護などの問題も解決に向かうかもしれない。

ほとんど機能していない「租税法律主義」

それにしてもなぜ、日本は重税国家になってしまったのだろうか？

日本国憲法第84条は《あらたに租税を課し、又は現行の租税を変更するには、法律又は法律の定める条件によることを必要とする》と定めている。

これは、いわゆる「租税法律主義」というもので、課税はすべて法律改正によりなされるという規定だ。

ところが、日本の税金は、実質的に政府与党の「税制調査会」（内閣総理大臣の諮問《しもん》機関）が官僚と結託して勝手に決めてしまい、国会は単にそれを承認するだけとなっている。つまり、自民党が与党として長期間政権の座についてきた弊害である。

この弊害をメディアは批判しない。「忖度《そんたく》」を繰り返し、こと増税に関しては、与党と財務省が言うがまま、「福祉を維持するには増税はやむをえない」「まだ増税の余地がある」などと、これまで言ってきた。

ともかく、増税して「大きな政府」を続けていくというのが、官僚主導の日本政府（＝役人天国）の在り方である。そして、そういう政府がもっとも上げたい税金が消費税だった。

税金には税金の負担者と納付者が一致する「直接税」と、税金の負担者と納付者が異なる「間接税」がある。直接税の代表的なものが法人税や所得税で、相続税や固定資産税などもこれに当たる。これに対して、酒税やたばこ税、揮発《きはつ》油税、印紙税などが間接税で、その代表が消費税である。

間接税の最大のメリットは、取りはぐれがないことだ。

消費税増税が経済の足を引っ張った

消費税は、２０１４年4月に5％から8％へ、２０１９年10月に8％から10％へと引き上げられた。この2回の増税は、民主・自民・公明の3党合意の下に行われたものだから、民主政治である以上、国民の意思だ。しかし、日本経済の足を完全に引っ張った。

消費税は、１９８９年、バブル最後の年に新設され、税率3％で導入された。その結果、この年と翌年の１９９０年の税収は上がったが、翌々年から経済は失速した。これは、バブル崩壊に加えて消費税の導入によって消費が低迷したからだ。以後、日本は長期不況に陥った。

1997年、消費税は3％から5％に引き上げられた。このときも、その年の税収は上がったが、翌1998年にすぐに失速している。

これは、じつに簡単なパターン認識である。「消費税を上げると1～2年は税収が上がるが、その後は下がる」ということだ。それなのに、当時の安倍政権は〝地雷を踏む〟ことを選んでしまった。

消費税増税の理由の一つとして言われたのが、「日本の消費税の税率は欧州諸国に比べてまだまだ低い。だから増税の余地がある」というものだった。

しかし、これは真っ赤なウソだった。

たしかに、欧州諸国の付加価値税（VAT）は高率で、当時もっとも高いハンガリーが27％、次いでアイスランドが25・5％、クロアチア、スウェーデン、デンマーク、ノルウェーが同率で25％となっている。さらに、フランス19・6％、ドイツ19％、英国17・5％だから、日本の8％に比べたら高いのは間違いなかった。

しかし、欧州諸国は食料品など生活必需品には軽減税率を導入して、税率を低く抑えていた。たとえば英国では食料品、医薬品などの税率はゼロであり、フランスも医薬品は税率2・1％でしかない。アイルランド、オーストラリアなども食料品の税率はゼロだった。

そこで、政府は日本も軽減税率を導入し、食料品などの税率は8％に据え置いた。しかし、この8％ですら、すでに十分に高く、日本経済は大きく失速した。それなのに、政府内には、今後さらに税率を上げようとする動きがある。

増税に加え年金改悪で国民生活を破壊

岸田政権になってから、「防衛費倍増」「子ども予算倍増」など、「倍増」のオンパレードになった。どれも、緊縮を行わないなら、国債発行か増税するほか手がない。

すでに、防衛費倍増問題では、復興特別所得税の延長や、所得税、たばこ税、法人税などで1兆円を増税する方針が決められた。これは、2024年度から段階的に実施される。

それとともに、〝隠れ増税〟も進んでいる。健康保険料と介護保険料の引き上げ、年金加入期間の延長と支給年齢の引き上げなどだ。

国民健康保険料は2022年4月に上限額が3万円引き上げられたばかりだが、2023年4月からさらに2万円引き上げられた。年金のほうは、2024年に控えた5年に1度の年金財政検証に合わせて、数々の増額メニューが検討されている。

まずは、国民年金の加入期間を40年から45年に延ばす。年齢で言うと現在の60歳から65歳に引き上げる。保険料を5年間長く払わせるためだ。

そして、厚生年金の被保険者期間を「70歳まで」から「75歳まで」に延ばす。さらに、厚生年金のマクロ経済スライド期間を２０３３年度まで延長する。

こうした〝年金改悪〟のなかで、年金受給の高齢者にもっとも過酷なのは、マクロ経済スライドの延長だ。もともと年金制度は、物価や賃金が上昇すると年金もいっしょに上昇することになっていた。だから、インフレが起きても年金が実質的に減ることはなかった。

しかし、マクロ経済スライドによって、物価が上がっても年金の増額は抑制され、実質的には目減りするようになった。マクロ経済スライドは、本来なら２０２５年度に終了する予定だったのを10年弱も延長するのだ。

これが実現すると、月額約２万円の減額、20年間で４００万円超の大幅カットになる。総務省の家計調査では、年金暮らしの夫婦２人世帯の支出は月額約27万円となっているので、高齢者世帯の暮らしはたちまち行き詰まる。

「老後２０００万円必要」と言われてきたが、２０００万円でも足りなくなる。

税金の支払い手がいなくなる未来

２０２２年に生まれた赤ちゃんの数（出生数）が、前年比５・１％減の79万９７２８人で、１８９９年の統計開始後初めて80万人を下回ったことが、各方面に衝撃を与えた。

この少子化のペースは、政府機関の推計より10年ほど早い。この傾向が続けば、年金をはじ

【図表24】日本の人口の推移（1950~2060）

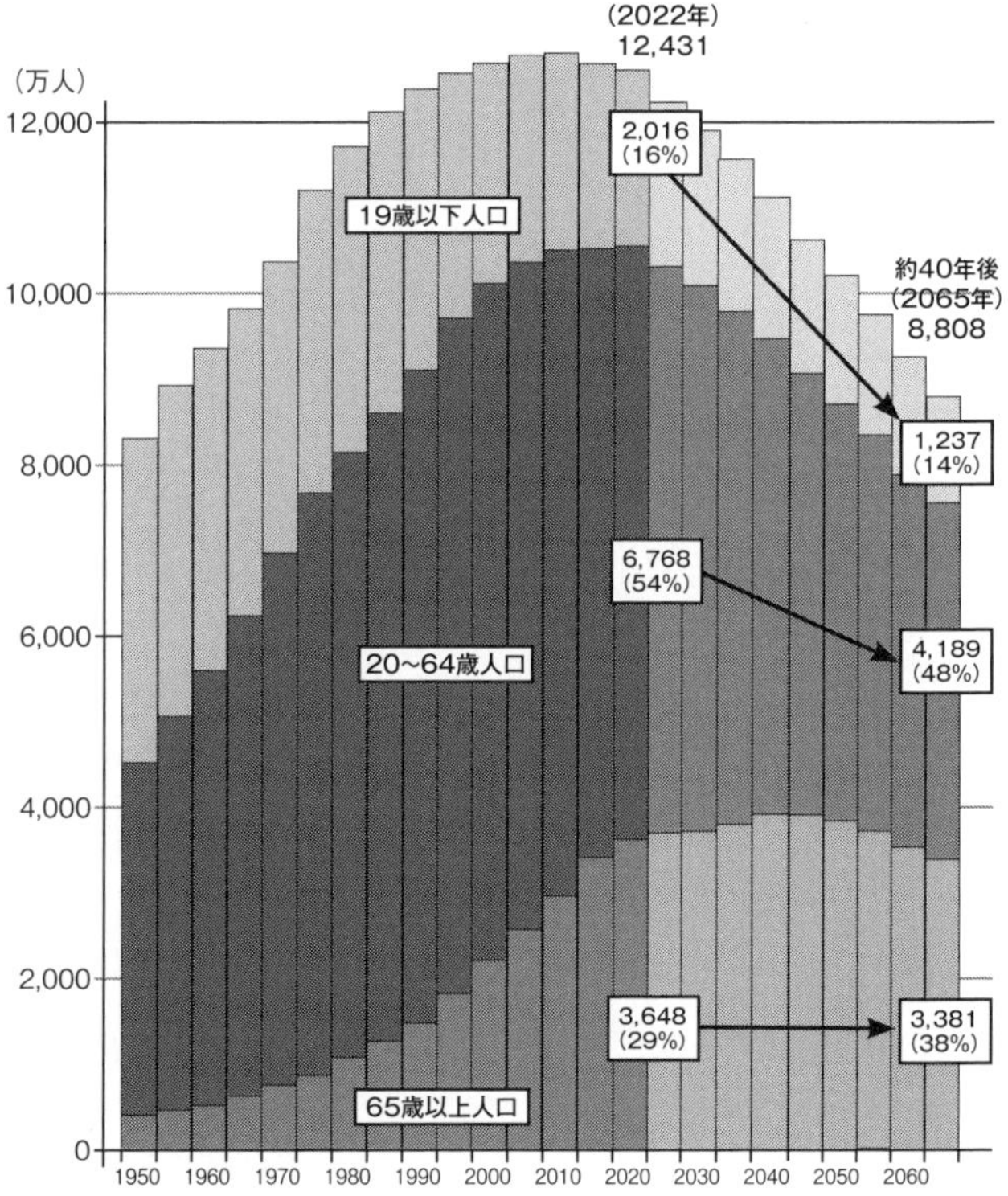

出典:財務省

めとする社会保障制度や国家財政は予想以上に逼迫する。

出生数の下落率は、2015年までの10年間は毎年平均1%ほどだったが、2016年以降は3%超に加速化した。出生数が100万人を割ったのは2016年だが、それからわずか6年で2割減の80万人を下回ってしまった。

こうなると、生産年齢人口も加速度的に減少する。それは、税金を払う納税者が加速度的に減少することを意味する。［図表24］は、1950年を起点とした日本の人口の推移で、2022年より先は推計だが、この推計はいまや成り立たなくなった。推計より速いスピードで少子化が進んでいるからだ。

このグラフを眺めて、日本の将来を想像すると、絶望的になる。

意のある若者は重税国家から出て行く

中国の諺《ことわざ》に、「苛政《かせい》は虎《とら》よりも猛《もう》なり」というのがある。これは、重税を課す過酷な政治は人を食う虎よりも恐ろしいということだ。

泰山《たいざん》の近くを通りかかった孔子《こうし》は、墓に向かって泣いている婦人を見つけ、弟子の子貢《しこう》を使わせて、なぜ泣いているのかと尋ねさせた。その婦人はこう言った。

「私の舅《しゅうと》は昔、虎に殺されました。夫も虎に殺されました。息子も虎に殺されました」

それで、孔子が婦人に「どうしてこの地を離れないのか」と訊くと、婦人はこう答えた。

「この地には重税がないのです」

この諺が意味するところを私見で解釈すれば、重税国家から人は逃げ出すということだろう。

すでに、「重税ニッポン」に嫌気がさして、多くの富裕層や有能なビジネスマン、起業家たちが国を出ている。有為な若者たちも国を出ている。とくに本気でスタートアップを目指す若者は、海外を目指す。昔の若者は英語が苦手だったが、いまの若者はそうではない。また、ITテクノロジーを使えば、語学の壁は乗り越えられる。

シンガポールなどのタックスヘイブンは、日本のような官僚統制国家では「悪」とされている。しかし、本当は、重税国家の理不尽な徴税から逃れるための「自由な地」とも言える。

このまま日本が重税国家路線を突き進めば、タックスヘイブンばかりか、能力を認められる国、高い収入が得られる国に、多くの国民が国を出ていくだろう。

とくに、将来に希望が持てなくなった若者たちが、本気でこの国を出たら、日本はどうなるのだろうか。

第9章

インフレ税で没収される国民資産

いつまで続く国家財政の「自転車操業」

２０２３年４月に就任した日銀の新総裁、植田和男氏の任期は５年間である。植田氏は黒田前総裁の政策だった異次元の「量的緩和」を続け、「イールドカーブコントロール」（ＹＣＣ）政策を変更しない旨を、これまで表明してきた。

２０２２年７月の衆議院選挙を勝って、２期目となった岸田文雄首相は、２０２５年まで国政選挙がないので、「黄金の３年間」を手にしたとされた。ただし、自民党の総裁任期は２０２４年９月までである。

いずれにせよ、この２人が、今後の日本の経済・金融政策を担っていくが、はたして、この先になにが待ち受けているのだろうか？

はっきりしていることは、日本の財政が破綻寸前であることだ。ネット上には「日本の借金時計」というサイトがあり、秒ごとに増えていく「日本の借金」を表示している。それによると、日本の借金はすでに１３００兆円を超えている。また、「国民一人あたりの負債額」は約１２８０万円を超えている。

このすさまじい借金を返せるあてなどない。

いくら借金があっても、それを上回る収入があり、きちんと返済できれば国も国民の暮らしも貧しくはならない。しかし、日本は借金に借金を重ねて、完全な「自転車操業」状態にある。この自転車操業は、いったいいつまで続くのだろうか？

予算の3割を借金で賄うという異常な政府

日本の名目ＧＤＰは、ここ10年あまり、５００兆円ほどで、ほとんど増えていない。そればかりか、マイナス成長を記録した年もある。そのため、現状維持をするために、政府は国債という借用証を際限なく発行してきた。

それなのに、「政府債務は一般の借金とは違う」「国債が国内で消化されているかぎり財政は破綻しない」「プライマリーバランスなど問題ではない」「もっと財政出動せよ」という声が強いのはなぜなのだろうか？

これらの声は、たった一つのことを言っているに過ぎない。すなわち、「借金は返すな」である。

現在、日本では毎年35〜40兆円の新規国債の発行が続いている。２０２３年度予算における新規国債の発行額は、35兆６２３０億円。コロナ禍が去ったことを見越して、政府は過去最大の税収を見込み、２０２２年度の当初予算よりも1兆３０３０億円、国債発行を減らした。といっても発行総額に比べたら、わずかな額でしかない。

しかも、インフラ整備のための「建設国債」は２０２２年度の当初予算より３０７０億円増えて6兆5580億円。これは、防衛費増額の一部を建設国債の対象としたためで、その額は4343億円となっている。

では、残りの国債はなにかと言えば、これが歳入不足を補うための「赤字国債」で、その額は2022年度より1兆6100億円減ったものの29兆6550億円である。

ちなみに、政府予算の国債依存度は31・1%。なんと、予算総額の3割を超えている。

金利のコントロールは本来やってはいけない

どんな経済の解説書にも、「国債とは国の借金です」と書いてある。そして、ひと言で言うと、「国が発行する債券」が国債である。では、債権とはなにか?

これもどんな経済の解説書にも、「債券とはおカネを借り入れる際に発行される有価証券で借用証書のことです。借金のため、満期が来たら利子をつけて返す義務があります」と書いてある。

だから、政府が返すあてがない国債を発行するのは、本来なら許されないし、それを中央銀行である日銀がおカネを刷って買い入れてはいけない。

日銀が異常なのは、2016年に量的緩和からYCC導入へと政策を強化して、無制限に国債を買っていることだ。YCCは、10年物国債の利回り(=長期金利)をゼロ近辺にすることを目的に導入された。

本来、長期金利は、資本主義自由経済においては、市場で自律的に決まる。しかし、日本政府と日銀はそうなっては困るので、固定金利で10年物国債を無制限に買い入れる「指値オペ」を実施してきた。

日銀が「指値オペ」で、「利回りが安くても国債をいくらでも買います」と言えば、当然、国債は市場で品薄になる。事実上、国債市場はなくなってしまう。そのため、指値オペを行えば、国債の利回りは下がる。

このように、ＹＣＣは、本来市場が決めるべき長期金利を、日銀が決めてしまうので、〝禁じ手〟である。

ただ、国家の非常時には行われたことがある。

アメリカでは、ＦＲＢが１９４２年から１９５１年までの9年間、ＹＣＣ政策を実行した。これは、連邦政府が第二次世界大戦の費用を必要としたからで、戦費調達のための国債の金利を抑え込むためだった。

しかし、戦後に物価が上昇したため、市場に委ねることに戻さざるをえなくなった。そして、ＦＲＢの財務は大きく傷ついた。本来、中央銀行の役目は政府から独立した機関としての物価の安定だから、ＹＣＣはそうした目的とは相容《い》れない。

以来、ＦＲＢはＹＣＣを行っていない。

指値オペ金利を引き上げたがＹＣＣは継続

黒田元日銀総裁は、こうしたことを知りながら、安倍元首相を取り巻くリフレ派の圧力で、「仕方ない。やるならとことんやってやろうじゃないか」と、異次元緩和を行い、バズーカ砲の強化としてＹＣＣまで採用したのである。

ＹＣＣ政策の威力は大きく、デフレが続くかぎり、政府はいくらでも国債発行ができた。政治家たちは、選挙に勝つため、バラマキを続けた。岸田首相が思いつきで明言した「異次元の少子化対策」も、なんのことはない「出産補助金」「児童手当の拡充」などのバラマキだから、どんな政治家でも簡単に実行できる。

日銀は、２０２２年12月の金融政策決定会合で、これまでの指値オペの金利の上限を０・25％から０・５％に引き上げた。円安、インフレが進むなかで、金融緩和を批判されたため、黒田元総裁は、「それならちょっとやってやろう」となったのだろう。

指値オペの上限引き上げは、事実上の利上げである。なにしろ、世界中がインフレで、前年同月比で10％に達している国もある。日本も消費者物価指数（ＣＰＩ）が上昇を続け、このとき、東京都の生鮮食品除くコアＣＰＩの前年比上昇率は４・０％に達していた。

ただし、黒田元総裁は、ＹＣＣ政策は変更しなかった。そんなことをしたら、長期金利は間違いなく急上昇するからだ。

それでも、いずれ日銀は金利上昇を抑えられなくなる。いつか、ＹＣＣの限界が来る、と金融関係者は読んだ。とくに、日本国債の売買で利益を上げることを狙ってきた海外ヘッジファンド勢は、仕掛けるタイミングを狙っていた。

暴落で儲けられると考える海外勢との攻防

日銀は、定期的に金融政策決定会合を開いて、金融政策の見直しを行っている。

２０２２年12月の会合で、指値オペの上限を引き上げた以上、次の会合ではさらに引き上げる。いや、そうせざるをえなくなる、とヘッジファンド勢は考えた。次の会合は、年が明けた２０２３年の１月17、18日だった。

ここを目指して、ヘッジファンド勢は、国債を借りて売る「空売り」攻勢に出た。空売りは金利が上昇したところで買い戻せば利益が出る。

イールドカーブでは、10年物国債の金利だけが低く抑えられている。この〝歪み〟を突いて、彼らは10年物国債ではなく、５年物や20年物などほかの年限を売り浴びせた。

短期と超長期の国債を売り浴びせて金利を跳ね上げ、それによって10年物のみ金利が低い状態にすれば、売買が成立しなくなるため、ＹＣＣを修正せざるをえなくなると読んだのである。日銀はこの攻勢に対し、防戦態勢を取った。全年限の国債を購入対象として購入額を増加させた。上限利回りの０・５％を死守しようと、１月12日は４・６兆円、13日は５兆円の国債を購入した。さらに週明けの16日にも購入を継続したが、金利は０・５％を超えたまま戻らなかった。

日銀は、このような事態をある程度見越して、前年12月に国債購入額を１カ月９兆円に増額したが、焼け石に水だった。

日銀は２月１日に、１月の国債買い入れ額を公表した。なんと、その額は23兆６９０２億円で、単月として史上最高額だった。

長期金利の上昇でローン破綻、倒産が続出

日銀は出口のない隘路に陥ってしまった。

これは、量的緩和を始めた当初から予想されていたことだった。なにしろ、〝異次元〟だから、前例がないのだ。

金融緩和が限界に来たというなら、緩和をやめ欧米のように「テーパリング」に入り、「量的引き締め」に転換するのが自然だ。

しかし、日本はそれをするわけにはいかない。そうしてしまうとどうなるか？　たとえば、ＹＣＣによる指値オペの上限は、段階を踏みながら引き上げていくこともできる。しかし、そうすると、２０２３年１月に23兆円超の国債を買わねばならなくなったように、際限がなくなる。

ならば、ＹＣＣを撤廃してしまえばどうなるか？

そうなると、国債金利は歯止めが利かなくなって、一気に２％、３％と上昇していく。もしかしたら、一瞬で数％という暴落も起こりうる。

長期金利の上昇は、住宅ローンや中小企業の資金繰りに打撃を与える。住宅ローン破綻、中小企業倒産が続出することになる。また、国債を保有している銀行、生保などの金融機関の経営も行き詰まる。低金利、ゼロ金利に浸りきっていた日本経済は、総崩れになるだろう。

それに、国債金利の上昇は、財政破綻に直結する。国債費（利払い費）が増加し、さらに新発債の買い手がいなくなるので、国家予算が組めなくなる。財務省によれば、金利が１％上昇すると、３年後の国債費は３・７兆円増加する。２％なら７・５兆円という。国防費増額、異次元の少子化対策などの予算は、みんなすっ飛んでしまう。

日銀が国債を買い続けることはできない

ならば、「日銀はこれまでどおり国債を買い続ければいい」「自国通貨建ての国は絶対財政破綻しない」という意見がある。いまだに、こういうことを言う専門家（？）がいる。

しかし、日銀が許されているのは、国債を国債市場から買うことである。政府から直接買うことは「財政ファイナンス」になるので、法的に禁止されている。

よって、政府の財政破綻を防ぐために、日銀は既存の国債ではなく新発債（借換債）を民間金融機関から購入する。すでにこれは現在行われていて、民間金融機関は日銀が利ざやを付けてくれるので新発債を買い、即座に日銀に売っている。こうして現在、日本国債のほぼ半分は日銀が保有することになってしまった。

となると、これ以上、日銀は国債を買えるだろうか？　すでに国債の半分以上を保有しているわけで、いずれ必ず限界が来る。つまり、ＹＣＣは永久に続けられない。

「ＳＤＧｓ」（持続可能な開発目標）がブームだが、日銀の国債買いはＳＤＧｓ足りえないのだ。

「財政ファイナンス」の法制化で即破綻

日銀の国債保有が飽和状態に近くなり、国債市場が消滅してしまったら、国は国債を発行できなくなる。よって、現在のように市場に〝歪み〟を突かれ、金利抑制をやめざるをえなくなったとき、まともな政府なら、やることは一つしかない。

危機を認識し、国債発行を減らすことだ。そうして、真剣に財政再建に取り組むことだ。売れる政府資産を売却し、議員・公務員をリストラし、さらに政府部門の縮小を図る。そうでなければ、増税するしか手はない。

しかし、日本の〝金融緩和ボケ〟した政治家、あるいは金融無知な政治家が、これを実行するわけがない。

彼らがやりそうなのは、なんとか国債発行を持続させようと、禁じ手の「財政ファイナンス」を法制化しようとすることだ。財政法を改正して、「日銀に国債を直接引き受けさせる」という無理筋を通してしまうのだ。

無理筋の一つとして、国債の「60年償還ルール」を「80年償還」にしてしまおうと、自民党の萩生田光一《はぎうだこういち》政調会長が提唱している。これに、賛同する専門家もいる。さらに、国民民主党や一部の学者は「変動金利付きの永久国債」を提案している。しかし、これらはいずれも「名案」ではなく、その場しのぎの「迷案」に過ぎない。

とくに日銀の直接引き受けにいたっては、それが政府から発信された時点で、日本財政の信認が吹き飛び、世界中（日本を含む）が日本国債を投げ売りするだろう。国債暴落とともに、円安、株安のトリプル安に突入し、おそらく日本経済は瀕死《ひんし》状態になる。

なぜインフレが「インフレ税」になるのか?

アメリカのインフレは、2022年に前年同月比で10%近くに達したことがあった。これは2~3%のマイルドインフレと異なり、国民生活を圧迫する。そのため、FRBは景気悪化の懸念があっても、断固として利上げを継続した。

とはいえ、インフレは物価が上がるのだから、それが何%であろうと、税金を払っているのと同じことになる。インフレとは通貨の価値が下がることと同義なので、インフレが起こると借金を持っている人間はトクをする。

つまり、なんといっても膨大な借金を抱えた政府は、インフレにより債務を軽減させることができる。

政府債務は、そのほとんどが国債を発行して民間から調達したものである。つまり、インフレになると、貸し手である民間から政府に購買力が移転するかたちになる。そのため、「税」を付けて、インフレによる負担を俗に「インフレ税」と呼んでいる。

じつは、日本のような巨額の財政赤字を抱える国の政府にとって、インフレは恵みの雨である。金利を押さえ込んだまま、インフレが亢進すれば、国債の利払い費の価値は実質低下する。

これまで抱え込んだ債務も軽減される。さらに、物価上昇によって自動的に税収も増加する。

10%のインフレでインフレ税はいくらか?

インフレ税は、債務の額(債務残高)を、インフレ率を上乗せした値で割って求めることができる。

計算式は次のとおり。

債務残高(名目)÷1/1+インフレ率=債務残高(実質)

では、この式を使い、名目債務残高が1000兆円でインフレ率が10%の場合、実質債務残高がいくらで、インフレ税がいくらか見てみよう。

1000兆円÷1/1+0・1(10%)=909兆円

1000兆円の借金が実質で909兆円になるのだから、インフレ税は91兆円ということになる。日本の公的債務残高は現在約1200兆円である。この計算式どおりなら、政府は大幅に債務を軽減できることになる。もし、インフレ率が100％なら、債務は半分になる。

このように見れば、日本政府と日銀が円安を食い止めるために、日米の金利差を縮める利上げに、なぜ踏み切らないのかがわかるだろう。

政府は国民生活が第一などとは考えていないのだ。

とくに、「国の借金は国民の資産」などと言っている政治家、専門家は大ウソつきの確信犯か、そう言って現実逃避したいだけなのだろう。

誰も逃れられない「見えない税金」

インフレ税を払うのは国民である。よって、インフレ税によって政府は助かっても、国民は助からない。インフレ率と同じに賃金が上がらなければ、多くの国民の生活は成り立たなくなる。

現在の日本の状況はまさにこれで、スタグフレーションが日々刻々進んでいる。今後、生活必需品の値上げラッシュが続けば、国民生活はますます苦しくなっていくだろう。

インフレ率が高いほどインフレ税も増える。もしハイパーインフレなどということになれば、もはや暮らしは成り立たず、経済は破綻する。

インフレ税は、実際の税金とは異なり、誰一人として逃れることができない「見えない税金」

である。実際の税金のように、所得が増えるにつれて税率も上昇する「累進性」などない。それとは逆に、低所得層ほど負担がより重くなる「逆進性」を持っている。

前記したように、インフレ税は「見えない税金」である。そのため、国民に税を取られているという意識を生じさせず、こうした問題が議論されることもほとんどない。メディアは、物価が上がって大変だと騒ぎ、生活防衛を訴えるだけである。

第二次世界大戦後のインフレ時と比較

コロナ禍が収束するのと同時に起こり、世界中で亢進してきたインフレにより、各国政府の債務は軽減された。IMFなどの国際金融機関の試算によると、アメリカと欧州では2021年からの2年間で計4・5兆ドル（約650兆円）の債務が軽減されたという。その内訳は、アメリカは3・2兆ドル、欧州は1・3兆ドルだ。

過去のアメリカを見ると、インフレ税によって債務が軽減され、その結果、経済が成長したという例がある。それは第二次世界大戦後のことで、当時のアメリカは戦費拠出のために政府債務が5年間で3倍に膨らんだ。

1946年の政府債務残高は、名目GDP比の119%。これを軽減させるため、FRBは金利を抑制し、インフレ率は一時14%まで上昇し、債務は実質的に軽減された。

もちろん、国民はこの負担を強いられたが、戦後復興の好景気によって負担は軽減され、経済は成長した。

しかし、コロナ禍後の現在はどうだろうか？

第二次世界大戦後のような大規模な復興需要はあるだろうか？　ＩＭＦによると、２０２０年の主要先進国の政府債務の名目ＧＤＰ比は１２７％で、第二次世界大戦後の１９４６年の１２６％を上回っている。

となると、第7章で述べたように、金融バブルの崩壊と、それに続く不況が世界を襲う可能性がある。とくに日本は、国債バブルが崩壊すれば、経済は壊滅状態になるだろう。

「預金封鎖」「新円切替」「財産税」の3点セット

インフレによる通貨価値の低下は、国民の購買力が弱まることを意味する。消費が落ち込むなかで、インフレがさらに進むと、ハイパーインフレの恐れが出てくる。

日銀の統計データによると、１９３４〜１９３６年の消費者物価指数を1とした場合、第二次世界大戦後の１９５４年は３０１・８となっている。わずか18年間で物価が約３００倍となったわけで、ここまで来るとハイパーインフレと呼ばれる。

歴史的にハイパーインフレの例は数多くあるが、近年では、１９９８年のロシアのルーブル暴落が典型例だろう。このとき、ルーブルの貨幣価値は1年で6分の1になった。

現在の日本の政府債務残高の対GDP比は260％を超え、ベネズエラに次いで世界第2位である。200％を超える水準は、第二次世界大戦の末期と同じだ。

すでにベネズエラは経済破綻している。

終戦後、ハイパーインフレが起き、戦時に発行された国債は紙切れになった。そのとき行われたのが、「預金封鎖」「新円切替」「財産税」という3点セットによる国民財産の没収だった。

主に富裕層から財産を没収する「財産税」

インフレが度を超えてハイパーインフレになってしまえば、ほとんどの国民は困窮化する。前記したように、インフレ税からは誰も逃れられず、富裕層も低所得層も実質的に負担させられる。

しかし、低所得層の負担を減らし、富裕層から財産を取り上げるという政府債務の圧縮方法もある。それが、「財産税」だ。

日本で第二次世界大戦後に行われた財産税は、「預金封鎖」「新円切替」と同時に実施され、最高税率は90％（財産額1500万円超）だった。

現在の日本人の個々の財産状況で、このような最高課税を課すのは無理があるので、予想としては、財産４０００万円以上の層から段階的に課税するのが妥当ではないかと考えられる。たとえば、財産１００億円で税率40％なら、40億円の没収である。これはかなりの負担だが、ハイパーインフレよりはマシだ。

なぜなら、もし１００倍のハイパーインフレになれば、１００億円は実質的に１億円の価値しかなくなってしまう。これに対して財産税40％なら、40億円を納めて60億円は手元に残る。つまり、富裕層にとっても、一般層、低所得層にとっても、ハイパーインフレより財産税のほうがマシである。よって、ハイパーインフレの兆しが顕在化したとき、政府は財産税を課してくる可能性がある。

財産税は「資産フライト」を誘発する

２０２１年12月、「世界不平等研究所」（本部・パリ、フランスの経済学者トマ・ピケティ氏らが運営）が発表したレポートによると、コロナ禍により世界の富裕層と貧困層の格差は広がっている。世界の上位１％の超富裕層の資産は２０２１年、世界全体の個人資産の37・８％を占め、下位50％の資産は全体の２％に過ぎなかった。

日本の場合は、上位10％の資産が57・８％で、そのうち最上位１％の資産が24・５％を占めた。下位50％の資産は５・８％となっていた。

このように、世界の富（日本も含めて）は、富裕層に偏在している。したがって、富裕層に財産税を課すことは、世論の支持を得られるだろう。

ただし、これが本当に実施されるとわかれば、間違いなく、資産フライトが起こる。すでに、富裕層でなくとも、円資産をドル資産に換える「ドル転」を行っている。これが大規模に起これば、インフレは沈静化するどころか、逆にハイパーインフレの引き金を引く可能性がある。

財産税は、預金封鎖や新円切替とセットで行われるもので1回かぎり。それも突然でなければ、このグローバル経済のなかで、逃げ道はいくらでもある。

インフレ率7％で11年後に資産価値半減

インフレになると、資産は目減りする。とくに、現金の場合、実質的な目減りがいちばん激しい。

たとえば、預貯金はインフレ率が2％なら、36年後には半減してしまう。仮にインフレ率が7％になると、実質価値が半減するのはわずか11年である。通常のインフレでこれだから、ハイパーインフレともなれば、現金はあっという間に紙くずになってしまう。

日本人は現金志向が強い。しかし、もしそれが当面使わない資金なら、そのまま円の現金で保有しておくことは著しく不合理となる。円安がさらに進めば、それにインフレが追い打ちをかけるという〝ダブルパンチ〟に見舞われる。

そこで、人気が高まるのが「外貨預金」（ドル預金）である。

日本とアメリカの国力を比較し、そこから将来性を客観的に分析すれば、アメリカドルの強さは圧倒的である。為替相場が国力を反映するなら、どう見ても、この先円高などという局面はやってこないと考えるのが自然だ。

そのため、円安が進行するたびに、「外貨預金」の人気が高まる。

「ドル転」はいいが「外貨預金」は不利

２０２２年に円安が進んでから、外貨預金（とくにドル預金）が増えた。金利差を考えれば当たり前だ。ただし、日本の銀行で行う外貨預金には大きなデメリットがある。

まずは税金。外貨預金では、利息には20・３１５％の税金が課せられる。また、為替差益は雑所得として扱われ、所得税と住民税が課せられる。利息は利子所得（課税方式は源泉分離課税）となるため確定申告は不要だが、為替差益は雑所得（課税方式は総合課税）となるため、原則として確定申告が必要になる。

さらに両替手数料が高い。「預け入れ（円→外貨）」と「払い戻し（外貨→円）」の二つのタイミングで手数料がかかり、なんと1円も取られる。よって、往復で2円も取られてしまう。さらに、1000万円までの預金が保証される「預金保険制度・ペイオフ」の対象外だ。

したがって、「ドル転」するなら、外貨預金ではなく外貨MMF（マネーマーケットファンド）のほうが圧倒的に有利で、外貨MMFの場合、両替手数料は25～50銭ほどのうえ、株式などとの損益通算が可能である。そのため、金融知識のある人間は、現金を外貨MMFに投じている。

日本円を日本の銀行に預けるという行為は、金利0・01％を得るために、インフレによる目減りを受け入れるということである。そんな馬鹿げたことをしている人間は、年々いなくなった。はたして、今後の日本はどうなるのか？　現在、政府が恐れる投機筋だけが、国債売り、円売りをやっているわけではない。すでに、日本人自身が国債も円も売っている。「ドル転」によるさまざまなタイプの資産フライトは静かに進んでいる。

では、最後に「財政破綻などありえない」と言っている方々のために、財務省のホームページの「Q&A」を転載して、本章を終わりにしたい。

【問】日本が財政危機に陥った場合、国債はどうなりますか？

【答】仮に財政危機に陥り、国が信認を失えば、金利の大幅な上昇に伴い国債価額が下落し、家計や企業にも影響を与えるとともに、国の円滑な資金調達が困難になり、政府による様々な支払いに支障が生じるおそれがあります。

そうした事態を招かないよう、財政規律を維持し、財政健全化に努めていく必要があります。

終章 「日本病」の正体

ため息すら出ない「H3」ロケットの失敗

2023年3月7日、次世代ロケット「H3」は、日本中の期待を一心に集めて種子島《たねがしま》宇宙センターから飛び立つはずだった。しかし、2段目のエンジンに点火できず、打ち上げは失敗した。この実況中継を見て、どんなに情けない思いになったことか。これで、失敗は2月17日に続いて2回目である。ため息すら出なかった。

1回目の打ち上げ失敗後、記者会見でJAXA《ジャクサ》(宇宙航空研究開発機構)の担当者は、「失敗ではなくあくまで中止です」と述べた。これに対して共同通信の記者は最後に、「それを失敗と言うんです」と捨《す》て台詞《ぜりふ》を吐いた。そのため、SNSは「中止」か「失敗」で、炎上騒ぎになった。

しかし、そんな騒動はもはやどうでもいいほど、2回目の〝本当の失敗〟のダメージは大きかった。これでわかった事実は一つ。「科学技術立国」は昔話に過ぎないことだ。

「H3」は、「H2A」の後継機として、JAXAと三菱重工が共同で開発した。共同開発といっても、日本のロケット開発はこれまでほぼ三菱重工が担ってきたので、〝三菱ロケット〟と言っていい。ただし、開発には約2000億円が投じられ、国家プロジェクトとして進められてきた。JAXAと三菱重工は、低コストと新エンジンを強調し、世界で進む宇宙ビジネスに参戦できると強調した。

しかし、「H3」は〝使い捨て〟ロケットである。

すでに、イーロン・マスクの「スペースX」社は、3Dプリンターなどの最新IT技術を駆使してつくった再利用可能ロケット「ファルコン」の打ち上げに着手していたというのに、なぜか三菱重工は〝使い捨て〟に固執した。

しかも「H3」は、2020年に初号機を発射する計画で進められてきた。それが遅れに遅れて、やっと発射台に載ったのに、惨めな失敗となったのである。

いかに、日本の技術とモノづくりが劣化しているかを、この件は見事に証明してしまったと言っていい。本当にため息も出なかった。

「三菱ジェット」はなぜ失敗に終わったのか?

三菱重工は、このロケット打ち上げ中止の1カ月前に、国産初のジェット旅客機「スペースジェット」(SJ、旧MRJ：三菱リージョナルジェット)の開発中止を発表していた。すでに2年以上前に断念されていたから、この発表はあまりに遅すぎた。

なぜ、MRJは飛べなかったのか?

この件に関して、私は何度か関係者を取材して記事化したので、その原因をよくわかっている。「ノウハウがなくて型式証明が取得できなかった」「三菱重工1社でやろうとしたところに無理があった。オールジャパンでやればなんとかなった」など、いろいろ言われたが、それらは原因の一つで、原因の核心ではない。

2023年2月21日、西村康稔《にしむらやすとし》経済産業相は、記者からの質問に答えて、三つの原因を挙げた。「安全性に関する規制当局の認証プロセスにおけるノウハウの不足」「エンジン等の主要な装備品を海外サプライヤーに依存することでの交渉力の低下」「市場の動向に関する見通しの不足」の三つだが、これも単に結果から見た表面的な原因に過ぎない。

三菱重工(正確には子会社の三菱航空機)には、技術も人材もノウハウもなにもなかった。それなのに、できると思い込み、〝化石頭〟の経産省の役人に焚《た》きつけられてやってしまった。

これが、根本的な原因だ。

松浦晋也《まつうらしんや》氏が「日経ビジネスオンライン」で連載した『『飛べないＭＲＪ』から考える日本の航空産業史』（全10回）には、失敗の原因が的確かつ細かく書かれている。

要するにクルマしか設計・生産したことがない人間が集まって、航空機を設計し、それをつくって飛ばそうとした。零戦《ぜろせん》ができたのは、それ以前に何十もの航空機を設計・生産した蓄積があったからだ。しかし、戦後の三菱重工にはそれがなかったのである。

三菱重工（子会社の三菱造船）は、クルーズ客船「ダイヤモンドプリンセス」の建造でも火災事故を起こしている。また、自動車製造でも三菱自動車のリコール隠し、燃費不正が発覚している。

「敵基地攻撃能力」を担うのも三菱重工

２０２２年の暮れに「防衛費増強」が決まり、予算の一部が、国産の長射程巡航ミサイル（スタンドオフ・ミサイル）の開発に投じられることになった。「敵基地攻撃能力」（反撃能力）を具体化させるために、まず、アメリカから巡航ミサイルの「トマホーク」（射程１２５０キロ以上）を５００発購入する。これと並行して、国産のミサイルを開発するというのだ。

この重責を担うのも、三菱重工である。

現在、陸上自衛隊は、「12式地対艦誘導弾」という三菱重工が開発・製造した地対艦ミサイルを実戦配備している。このミサイルは、中国海軍との戦闘状態になることを想定して、南西地域の防衛体制を強化するため、現在、宮古島、石垣島のほか、鹿児島県の奄美《あまみ》大島、熊本市に配備されている。

「12式地対艦誘導弾」は俗に「ひと・に式」と呼ばれ、その射程は200キロ弱。これを改良して射程を伸ばし、敵基地がある中国本土、朝鮮半島に届くようにしようというのだ。防衛省の計画では、「ひと・に」改良型スタンドオフ・ミサイルを10パターン以上同時開発し、地上、艦艇、航空機からそれぞれ発射できるようにするという。

これらのミサイル開発・装備には、5兆円が投じられる。

「三菱ミサイル」は敵基地攻撃できるのか?

「ひと・に式」の改良がうまくいけば、射程1000キロ以上の地上発射型は早くて2026年度から配備し、さらにマッハ5以上の極超音速誘導ミサイルも開発して、こちらは2028年度以降の装備化を目指すという。

また、潜水艦発射型ミサイルも計画されているというから、まさにスタンドオフ・ミサイルのオンパレードだ。

しかし、三菱重工に敵の防衛網を突破して敵基地まで届くミサイルがつくれるのだろうか？日本は過去77年にわたって実戦をしていないうえ、軍事の研究すら行われてこなかった。どこに、現代の戦争に有効な武器をつくる技術とノウハウがあるのだろうか。

専門家に聞くと、「ミサイルにいたっては、単に射程を伸ばせばいいというものではない」と言う。何度も試射して飛行データを収集するのはもちろん、敵の妨害電波などを防ぐ環境テストも必要になると言う。

「1000キロ以上の長射程ミサイルをテストできる大規模な陸上試験場が、いまの日本のどこにありますか」

何度敗戦を喫すれば目が覚めるのか？

三菱重工の度重なる「失敗」は、「モノづくりニッポン」の凋落を象徴している。あれほど、世界を席巻し、賞賛された「Made in JAPAN」（メイドイン・ジャパン）は、いまや自動車ぐらいしかない。

私たち日本人は、戦後、一貫してよく学び、よく研究し、勤勉に働いて、欧米の先行する工業製品を自らの手でつくり、それを改良して高品質にし、世界市場を勝ち取った。

しかし、こと「モノづくり」に関しては、中国をはじめとした新興国にほとんど奪われた。

かつて家電は日本製が独占していたが、デジタル家電のいまは見る影もない。

これまでに、日本はどれだけ、敗戦をしてきただろうか？

「家電敗戦」「鉄鋼敗戦」「造船敗戦」「コンピュータ（PC）敗戦」「半導体敗戦」「新幹線敗戦」「液晶敗戦」――思い返すだけで情けなくなる。このいくつかの内幕を、私は編集者として本にしたが、そのたびに、なぜなんとかならなかったのだろうかと思ったものだ。

イーロン・マスクの「日本消滅」ツイッター

2022年5月、イーロン・マスクのツイッターが、日本のSNS空間では大きな話題になった。大手メディアはほとんど取り上げなかったが、ネット民は騒ぎ立てた。

イーロン・マスクは、「いずれ日本は消滅するだろう」とツイートし、加速する日本の人口減に対して警告を発したのだった。しかし、「日本消滅」だけが一人歩きした。

イーロン・マスクのツイッターの元にある考えは、「人類が直面する最大の問題は出生率の低下による人口減だ」というもの。少子化と高齢化が進むと「社会は停滞し、人類の進歩が止まる」ことを、彼はなによりも心配、懸念してきた。

したがって、「日本消滅」ツイッターは、その最適・最悪な例として日本を取り上げたものだった。

しかも、「消滅」と言っても、それは消えてなくなるわけではない。日本が少子高齢化による人口減で、経済的にも文化的にもパワーを失うということを指していた。

すでに、本文中で何度も触れたように、日本はこのプロセスをひたすら進んでおり、「失われた30年」は「40年」「50年」になろうとしている。そして、最悪の場合、ハイパーインフレによる国民生活のメルトダウンがやって来る。

10年前に誰が、日本人が韓国人、台湾人より貧しくなる日が来ると思っただろうか？

「タコツボ文化論」と「ゆでガエル理論」

いまだに大多数の日本人が、自分たちが「先進転落国」で暮らしているとは思っていない。日本は世界の「辺境」になりつつあり、「ガラパゴス化」は日毎に強まっている。

この明白な現実を受け入れ、なんとかしようと本気で思わないのだろうか？

とくに政治家は、そうである。彼らはいまだに、日本は大国で先進国だと勘違いしている。

なぜ、多くの日本人に〝辺境感覚〟〝ガラパゴス感〟が薄いのだろうか？

それは、私たちが「タコツボ」に住んでいるからではないだろうか。

政治学者の丸山真男《まるやままさお》が提起した「タコツボ文化論」によれば、タコツボ化とは、ある特定の組織や分野が、その内側だけに専門的に特化していき、それ以外の組織や分野とのつながりが乏しくなっていくというものだ。

こうして、結果的にガラパゴスができあがってしまう。一時期流行した携帯電話の「ガラケー」や「ｉモード」は、タコツボ文化の象徴的な産物だった。

もう一つ、日本の辺境化は「ゆでガエル理論」で説明できる。「急に熱湯にカエルを入れると驚いて飛び出すものの、カエルが入っている水を少しずつ熱していくと、熱湯になるまでカエルは気付かず、最後には茹《ゆ》で上がって死んでしまう」という寓話がある。

このプロセスのなかで、私たちは生きているのではないだろうか。

つまり、時代とともに環境や状況は刻々と変化していくのに、日本人はそれに気がつかない。春・夏・秋・冬と季節はめぐり、１年経つとまた同じ季節がやってくる。日本人にとって、すべては季節のめぐりと同じ。景気は悪化してやがてよくなるときがやって来る。そう思っているのだろう。しかし、冬の後に春が来るとはかぎらない。冬kが永遠に続くかもしれない。

メディアのせいで「辺境」が可視化されない

「タコツボ」で暮らし、いずれ「ゆでガエル」になるなど、誰だって望まない。しかし、日本が辺境であるとはっきり自覚しないかぎり、なにも起こらないだろう。

それではなぜ、私たちは、自分たちの状況を自覚できないのかと、改めて考えてみると、メディアのせいではないかと思う。

日本のメディアはいまやすっかりジャーナリズム機能を失い、社会問題に切り込むことがほとんどなくなった。いま起こっていることを調査・分析することもなくなった。

そのため、私たちはメディアを通して、自分たちの実像を知りえなくなってしまった。日本のガラパゴスぶり、辺境ぶりが、メディアを通して「可視化」されていない。

これは、マスメディアにかぎらず、ソーシャルメディアも同じだ。フェイスブックやインスタに、誰が辺境映像をアップし、生活の苦しさなどを寄稿するだろう。誰もが、SNSのなかでは、着飾り、おしゃれをし、セレブ生活を装い、ありのままの日常の姿を見せない。

また、日本は不思議な社会で、階級格差が認識できない仕組みになっている。たとえば、金持ちと貧困層が隣り合わせに同じ市街地で暮らしている、欧米では、富裕層は高級住宅地に住んでいる。

また、会社においても、日本は平社員と社長が一緒にカラオケ、居酒屋に行く文化がある。

こうしたことも、日本人が格差を認識できないことにつながり、ガラパゴス化、辺境化が進んでいく原因になっている。

いずれ〝破局的な日〟がやって来る

というわけで、日本のガラパゴス化、辺境化は止まらない。日本の衰退は止まらない。経済、暮らしは悪くなっていくだけだ。

なぜこうなってしまったか、いまさら原因を考え、それを止めようとしても、もう手遅れ感が否めない。

少子高齢化、人口減、莫大な政府債務、円安、加速するインフレ、スタグフレーション——など、もはや問題山積で、小手先の対策ではどうにもならないところまで日本は来てしまった。

といっても、いずれ日本のこの状況は、ガラガラポンされるときがやって来る。グローバル化とネットで世界から辺境がなくなっているというのに、日本だけが辺境であり続けられるわけがない。いずれ、〝破局的な日〟（ドゥームズデイ）がやって来る。

その被害をまともに受けないためには、政府に期待などせず、自分自身で対策を実行するほかない。

しかし、そうはいっても、自分の故国、生まれ育った環境、美しい山河、四季の営み、世界一と思える食文化、すべて日本語で通じる社会生活を捨てるのには、相当な覚悟がいる。

私はやはり日本人だから、飛行機が成田や羽田に着くとホッとする。飛行機の窓から房総《ぼうそう》半島や東京湾が見えると、「ああ、帰ってきたんだ」と、何度、同じ光景を見ても胸に熱いものが込み上げる。

いくら、辺境、ガラパゴス、先進転落国だろうと、ここは私が生まれ育った愛すべき母国、故郷である。

横浜にて擱筆

著　者

MdN新書
048

日本《に》本《ほん》経《けい》済《ざい》の壁《かべ》

2023年4月11日　初版第1刷発行

著　者　山《やま》田《だ》　順《じゅん》

発行人　山口康夫
発　行　株式会社エムディエヌコーポレーション
〒101-0051　東京都千代田区神田神保町一丁目105番地
https://books.MdN.co.jp/
発　売　株式会社インプレス
〒101-0051　東京都千代田区神田神保町一丁目105番地
装丁者　前橋隆道
DTP　メディアタブレット
印刷・製本　中央精版印刷株式会社

カスタマーセンター
万一、落丁・乱丁などがございましたら、送料小社負担にてお取り替えいたします。
お手数ですが、カスタマーセンターまでご返送ください。

落丁・乱丁本などのご返送先
〒101-0051　東京都千代田区神田神保町一丁目105番地
株式会社エムディエヌコーポレーション　カスタマーセンター　TEL:03-4334-2915

書店・販売店のご注文受付
株式会社インプレス　受注センター　TEL:048-449-8040／FAX:048-449-8041

内容に関するお問い合わせ先
株式会社エムディエヌコーポレーション　カスタマーセンターメール窓口 info@MdN.co.jp
本書の内容に関するご質問は、Eメールのみの受付となります。メールの件名は
「日本経済の壁　質問係」としてください。電話やFAX、郵便でのご質問にはお答えできません。

Senior Editor 木村健一

ISBN978-4-295-20522-7　C0233